네모의
기록이야기

전가희 저

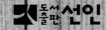
도서
출판 선인

네모의 기록이야기

초판 1쇄 발행 2020년 9월 18일
초판 2쇄 발행 2020년 1월 29일

지은이   전가희
펴낸이   윤관백
펴낸곳   도서출판 선인
등 록   제5-77호(1998.11.4)
주 소   서울시 마포구 마포대로 4다길 4 곳마루빌딩 1층
전 화   02)718-6252/6257
팩 스   02)718-6253
E-mail   sunin72@chol.com

정가   18,000원
ISBN 979-11-6068-403-2 03020

네모의 기록이야기

들어가며

　　이 책은 전문서와 교양서 중간쯤 되는 내용이다. 또한 전문서라 말하기에 민망할 정도기도 하다. 필자가 연구를 해서 결론을 낸 이야기가 아니라, 기록관리 업무를 하면서의 현실과 생각 그리고 느낌을 작성한 정도니 '기록연구사의 기록관리 이야기' 정도로 봐주시면 좋을 듯하다. 워낙 문학을 좋아하는 터라 글 자체도 전문서에 나오는 글들이 아닌 소설을 읽으면 나올법한 단어들이 많이 등장할 것이다. 때문에 책을 출판해야겠다는 마음을 먹으면서도 주저한 것은 내 스타일을 알기 때문이다. 해박한 지식, 논리적인 반박이 아닌 기록관리 업무를 통한 기쁨, 슬픔, 분노, 체념, 열정 등의 다양한 감정이 책 곳곳에 묻어있을 것이다.

　그러나 스스로 위로하는 건, 책은 정해진 것이 없다는 것, 전문서를 내는 사람이 있다면 일반인도 읽기 좋도록 쓰는 전문교양서도 나쁘지 않을 것이라는 생각이다. 내가 이런 나의 글쓰기 스타일을 안 것은 이 책에 나올 글을 쓰면서이고 또한 글을 쓰면서 더욱 고착화되기도 했다.

　경남도민일보에 '기록의 힘'이라는 주제로 약 2년 동안 기사를 연재했다. 2018년에는 한 달에 두 번, 2019년에는 한 달에 한 번으로 줄여 글을 썼다. 그 즈음 꽤 눈 질환이 심해졌고 충분한 휴식에 대한 의사의 권고도 받았는데 그럼에도 쓰기를 원했던 것은 글로써 위안 받았던 그 시간들이 앞으로도 필요할 것 같다는 생각이 들어서다.

나는 유명한 혹은 글을 잘 쓰는 작가는 아니나, 그들과 동일한 점은 글로써 나의 모든 것들을 유지하고 있다는 것이다. 망상과 허상에 쫓기거나 우울과 불안을 잠재울 도구, 그것을 이겨내고 내가 일상의 사람으로 살아가게끔 해주는 원동력은 '글쓰기' 하나였다. 아마 그렇기에 굳이 선생님이 시키지 않아도 초등학교 때부터 지금까지 약 30여년간 일기를 써오는지 모른다.

이 책을 쓰기 전 읽었던 기록관련 책은 교수님들의 정리정돈이 잘된, 논리적인 글 혹은 시스템을 개발하거나 기록관련 이슈를 객관적인 시선에서 다룬 글들이 대부분이었기에 비교대상이 될 수 없다.

그러나 나름 자부심을 느끼는 것은 기사를 내면서 받았던 격려, "글을 편안하게 읽기 좋게 쓴다. 혹은 기록관련 내용을 일반인이라도 이해할 수 있도록 쓴다."는 것에 있다. 나의 책은 이러한 장단점을 품고 나온 결과다. 어느 누구에게도 환영받지 못할 수도, 혹은 누구에게라도 환영받을 수 있는 양날의 검이 될 책이다. 그러나 결국 이러한 판단은 독자의 몫, 내 몫은 글을 쓰는 것 까지가 될 것이다.

기록관리 현안 사안이 나오면 그것이 일반인에게 쉽게 전달되도록 쓰기는 썼으되, 치우친 감이 없지는 않다. 또한 기사가 일기가 되는 순간들도 있었다. 그리고 힘들었던 순간, 주체하지 못하고 마음의 분노를 가감 없이 전달한 구절도 있다. 그래서 조금 수정을 봤다. 정중동의 마음이 전달되도록 애썼다. 또한 기(旣) 작성했던 글 외, 업무를 하면서 생각한 것들을 틈틈이 정리한 것과 전국에서 처음 건립한 지방기록물관리기관인 경상남도기록원에서 일한 경험들을 포함하기도 했다.

글과 삶이 일치되는 글을 쓰는 기록인으로 살기 바란다. 다만 두려운 것은 말이 앞서나가 실천의 어려움으로 실수와 실패를 반복할 수 있다는 가능성은 충분히 있고, 많은 말에 따르는 오류로 뒤늦은 후회도 있을 것이다. 다만 조심스럽게 자신하는 것은 글과 삶이 일치될 수 있도록 '노력'하겠다는 의지는 삶이 계속되는 한 변하지 않을 것이다. 그만한 각오 없었다면 대중에게 글을 공개할 용기는 없었을 것이다.

용기란 두려워도 해야 할 일을 하는 것이라는 글을 본 적이 있다. 두렵지만 조심스럽게 시작한다.

추천사

새 천년의 흥분이 아직 수그러들지 않은 어느 봄날에 한 학생이 커피 한 잔을 들고 연구실을 방문했습니다. "기록관리가 뭔지 알고 싶어서 왔어요...." 호기심 가득한 눈으로 두리번거리던 그 학생이 바로 엊그제, 또 다른 봄날에 중년의 모습으로 변신해 다시 연구실을 찾았습니다. 이번에는 그의 손에 원고 한 묶음이 들려 있었습니다.

그 원고를 받아 든 순간부터 기록학과 함께 한 지난 20여년의 세월이 브로마이드 인화지처럼 하나의 장면으로 수렴되기 시작했습니다. 5분도 되지 않아 뚜렷해진 그 장면에서 나는 1세대의, 그는 2세대의 의자에 앉아서 서로를 바라보고 있었습니다.

1세대는 "사명감"이 무기였습니다. 밀레니엄 전환기에 국민의 열망은 저 높은 곳을 향하고 있었지만 기록관리의 현실은 아직 참담했습니다. 제국주의와 냉전의 최대 피해자인, 그리고 그로 인해 심화된 지배계급의 분열과 정치적 격변의 희생자인 우리의 공공영역은 기록학의 관점에서 볼 때 폐허와 다름이 없었습니다. 우리의 공공영역은 지난 세대(들)에 대한 역사서술을 뒷받침할만한 기록사료군을 거의 축적해

오지 못했기 때문입니다.

1세대가 이른바 '기록관리혁신'에 뛰어든 것은 적어도 우리의 공공영역에서는 기록이 제대로 생산되고 이용되고, 합법적으로 폐기되고 합리적인 평가를 거쳐 보존되어야 한다는, 그래야만 우리 세대는 공공영역의 투명성과 효율성을 높일 수 있고, 다음 세대는 우리 세대의 역사를 제대로 이해하고 계승 발전시킬 수 있을 것이라는 사명감에서였습니다. 1세대의 꿈이 모두 실현된 것은 아닙니다. 기록관리는 공공영역에서조차 갈 길이 멀고, 비공공영역의 대부분은 아직 불모지로 남아 있습니다.

그러나 전혀 걱정하지 않아도 되겠다는 안도감을, 이 책의 저자 전가희 기록연구사의 글을 읽으면서 느꼈습니다. 그의 글에는 사명감으로 굳어진 어깨살이 없습니다. 간혹 1세대의 그림자가 보이긴 하지만, 부드럽고 유쾌한 분석, 때로는 발칙한 상상이 그런 어두운 그림자를 압도합니다. 이것은 우리 1세대가 예상하지 못한 결과입니다. '기록관리혁신'은 사명감과 헌신이 암묵적으로 강요된 기록연구사 직무모델을 그렸을 뿐이니까요.

저자는 그런 직무모델이 미처 예상하지 못한 기록연구사로서의 '삶'

을 흥미롭게 그려냅니다. '삶'에는 재미와 고통, 합리적 계산과 맹목적 추동, 공익과 사익, 행복과 불안이 공존하기 마련이겠지요. 사명감에 짓눌리지 않은 기록연구사로서의 삶이 우리 사회에 더 큰 희망을 선물할 수 있을 것이라고 믿습니다.

아울러 전가희 기록연구사가 지금의 내 나이가 되어 기록관리 3세대 쯤 되는 후배에게 "라떼는 말이야...."라고 어깨에 힘을 주려고 할 때, 후배의 아직 굳지 않은 어깨선에서 "그래, 미래는 미래에 맡기는 것이 옳아!"라고 느끼기를 희망합니다.

2020년 어느 봄날에
경남대학교 역사학과/대학원 기록학전공과정 교수 **이종흡**

추천사

　　　　　바이러스가 사람들 사이를 긴장하게 만
드는 어느 봄날에 기록한다는 것이 '즐겁다'고 표현하는 글을 읽었다.
책에는 '즐겁다'는 표현이 자주 등장한다. 돌이켜보면, 기록학계와 인
연을 맺고 내게 "기록"이라는 단어가 이러한 의미로 다가온 적이 얼마
나 있었을까?

　기록은 늘 사명이었고, 목표였으며, 가슴 속을 무겁게 짓누르는 무
엇이었다. 또 역대 정부의 행위를 제대로 설명하는 기록이 없음으로
인해 발생한 '비민주'였고, 문화적 '후진성'을 드러내는 증거였는데 말
이다. 기록에 대해 전도되어 쓰여 진 글을 읽었을 때, 그것은 새로운
세대의 등장을 알리는 신호로 다가왔다.

　메타학문으로서 기록학은 이론은 물론이고 현장의 문제에 천착하는
학문으로서의 특징을 갖는다. 그러나 20여 년 전 태동한 한국의 기록
학은 서구의 이론을 수입하여 소개하고, 현장은 기록관리법 체계에 종
속되어 법률을 교조적으로 해석하는 이론과 실제의 불균형과 간극을
노정해 왔다. 현장에 기반 한 새로운 실천은 매우 드물었으며, 그래서
늘 기록 현장의 목소리가 들리길 기다렸다고 해도 지나친 말은 아니

다. 이 책은 그만큼 귀한 글이다. 현장의 기록전문직이 자신의 목소리로 기록에 대해 얘기하고 있기 때문이다.

기록학계의 연구동향은 일정한 방법론에 편중되어 있다. 곧 기록 자체에 대한 연구는 부족하고, 기록관리 방법론에 집중하는 경향이 두드러진다. 공공분야는 물론이고 사회의 다양한 기록에 대해 이야기하는 경우 또한 드물다.

책은 기록에 대해 얘기한다. 나·가족·공동체·지역·국가를 넘나들면서 '즐겁게', '정성스럽게' 기록하기를 강조하고, 기록정신을 다루고 있다. 또 우리 사회의 기록에 근거해서 현장에 기초한 기록관리 방법론을 연구하는, 그 방향을 자극을 주기에 충분하다. 나아가 행위주체로 범주를 넓혀가면서 이야기한다. 과거와 현재를 오고가면서 명망가의 기록과 평범한 보통사람들의 기록을 함께 다룬다. 기록관리 방법론으로 기울어진 학계의 풍토에서 기록을 얘기하는 것은 참으로 귀한 일이다.

지방기록관리에 대한 관심이 높던 학계 형성 초기에 어느 논문은 지역의 기록을 지역에 남기고, 그것을 바탕으로 행정의 민주화를 구현하자는 지향을 언급한 바 있다. 이른바 '기록 자치'를 강조한 그 주장은 현재화되고 있다. 최근에 설립된 경상남도기록원은 그 근거지에 다름

아니다. 필자는 최초의 지방 아카이브 설립을 '종자보관소'로 비유하면서 지역 기록문화 확산의 씨앗을 얘기하고 있다. 뒤늦은 감은 있지만, 지역 기록문화운동의 토대가 형성되기 시작한 것이다.

책에는 기록관리에 대한 실무적인 고민과 지향이 진솔하게 서술되어 있다. 이른바 '법대로 해보는' 기록관리는 기록관리 현장에서 드러나는 문제들에 대해 법을 잣대로 원칙을 얘기하고 있다. 기록관리법이 시행된 지 얼마 지나지 않았던 2000년대 초에 기록학계는 '기록관리 법대로 하자'는 운동을 전개한 적이 있다. 곧 기록관리법의 기초적인 요구도 준수하지 않는 관행과 무관심을 질타했던 것이다. 그만큼 행정 관행과 기록관리법의 내용에는 상당한 차이가 존재했다. 따라서 개혁적 성격의 기록관리법을 그대로 시행하자는 주장이었다.

오늘날에도 이러한 문제는 여전하다. 핵심기록은 등록되지 않고, 중요 회의록 또한 형식적으로 남겨지고 있다. 필자는 법률의 주요 내용이 지켜지지 않는 현실을 드러내고, 그것을 지켜내고자 하는 기록전문직의 고뇌를 드러낸다.

필자는 희망을 얘기한다. 작은 것들에서 그 희망을 찾는다. 일상에서, 또 연대를 통해 그 꿈을 낙관한다. 기록을 무기로 세상을 바꾸는

데 다소나마 기여하고자 한다. 나아가 절차적 민주주의로부터, 문화적
민주주의가 널리 퍼지는 공동체를 꿈꾸고 있다.

자신의 삶과 직업적 소명을 담담하게 풀어내며 책을 쓴다는 것은 매
우 어려운 일이다. 그 일을 기꺼이 진행했던 필자의 글이 현장의 기록
전문직들과 시민들에게 읽히기 바란다.

이 책이 필자의 또 다른 시작에 새로운 이정표가 되기를 기대하며
추천에 대신하고자 한다.

2020년 6월
국무총리 소속 국가기록관리위원회 위원장 **곽건홍**

목 차

들어가며 / 5
추천사 / 9

01장 기록과 사실 ································· 21

01편 내겐 너무 즐거운 기록 ································· 23

02편 더 나은 공동체 품격있는 삶, 현실로 만드는 길 ······· 29

03편 스마트팩토리, 스마트 아카이브
　　　기록 4.0. 우리는 무엇을 준비해야 하는가? ············· 35

04편 역사의 현장 '정성스럽게' 남기자 ·················· 41

05편 진실은 디가우징 할 수 없다 ·················· 47

06편 권력자 편에 섰던 기록, 이제 국민에게 돌려주자 ········ 53

07편 작은것들도 기록할 권리, 아니 '의무'
　　　무쏘의 뿔처럼 가라 ································· 59

08편 모든 회의는 기록되어야 한다 ·················· 65

09편 공유된, 축척된 기록, 보다나은 내일
　　　오늘은 기록한자 더 맛있는 빵을 만든다 ·············· 71

10편 기록이 진실 하다는 것
　　　Remember that you will die ······················· 77

11편 '떠든 아이' 효과를 아시나요 ·················· 83

02장 기록과 사람 ···················· 89

01편 기록대통령이 뿌린 씨앗, 제대로 열매 맺는 시대로 ······ 91

02편 MB의 기록 ······················· 97

03편 사도세자의 아들 정조
　　　 문밖 자객 그림자에도 일기 썼을 왕 ···················· 101

04편 밀양사람 김원봉 ················· 107

05편 손흥록과 안의
　　　 생을 걸고 지켜낸 '실록' 내일 여는 귀중한 유산 ·········· 113

06편 이순신 장군과 기록정신 ········· 117

07편 기록적인 인생, 기록없는 인생
　　　 뻘 속 진주 같은 삶 캐내어 아로새기다 ·················· 121

08편 노회찬 아카이브 ··············· 127

09편 찰나의 순간, 나를 버리고 민족의 미래를
　　　 선택한 사람 '고(故) 김영환 장군' ························· 133

10편 독립운동에 바친 생애, 비극으로 마친 인생
　　　 "김명시 장군" ··················· 139

11편 엄마의 기록 ···················· 145

03장 지방기록원의 첫 걸음, 경상남도기록원
아카이브 경험하기 ·· **151**

01편 경남의 종자보관소 '경상남도기록원' ················· 153

02편 과거−미래 잇는 '기록문화' 곳곳에 퍼져 나가기를 ······ 159

03편 경상남도기록원, 자료보유량으로 따질 수 없는 가치 ···· 163

04편 아메리카와 그랜져
　　　미국 대통령 기록관은 '각자'를 '우리'로 잇는다 ················· 169

05편 국가기록원에 보존중인 경상남도기록물
　　　'조상 땅 찾기'문서에 독립운동 유공자 명단도 ··············· 175

06편 법대로 해보는 지방아카이브의 기록관리 ············· 181

07편 국비, 너는 누구냐 ···································· 191

08편 기록관과 기록원 ····································· 197

09편 민간기록, 어떻게 관리해야 하는가? ················· 203

10편 아카이브들의 연대 ·································· 209

11편 기록의 나라, 기록인 대회
　　　현실이 된 꿈 경상남도기록원 ···························· 213

04장 다시 즐거운 혁신 ·············· **219**

01편 기록관리와 정보공개 ················· 221

02편 기록이란 무엇인가? ················· 227

03편 작은 것들의 힘 = 경남마을기록원이 될 때까지 ········ 233

04편 코로나19를 기록하다 ················· 239

05편 기록연구사인 것 ················· 247

06편 다시 '즐거운' 혁신 ················· 253

나가며 / 259

01장
기록과 사실

01편
♦
♦
♦
내겐 너무 즐거운 기록

　　　　　　　　일주일 전, 새벽에 잠을 자던 막내아들
이 모기만한 소리로 '쉬' 하는 소리를 듣고 급히 아이를 화장실로 데려
가 오줌을 뉘였다. 엄마로서 감격적인 순간이었다. 지난 몇 달간 아이
가 잠들기 전에 당부했던 말, "쉬 마려우면 엄마한테 '쉬' 하고 싶어요,
라고 말하는 거야"라고 말했지만 아이는 밤에 쉬를 아예 하지 않거나
이불에 쉬를 하거나를 반복했다.

　이불에 쉬를 하는 날이 지속되어 겨울임에도 나는 매일매일 이불빨
래를 해야했다. 아이의 습관을 없애고자 자기 전마다 아이에게 "엄마
쉬하고 싶어요."를 큰 소리로 세 번 정도 말하게 한 뒤 잠을 재우거나,
쉬를 하면 엄마의 힘든 일정 (옷을 갈아입히고, 이불 빨래를 해야 하고, 집에
냄새가 나고)을 아이에게 논리적으로 설명하기도 하고, '이놈' 하며 겁을
주기도 했다.

지속적인 노력이 효과가 있었는지 아이는 모기만한 소리(내가 푹 잠들었으면 들을 수 없는 소리)를 내며 조금씩 쉬를 가리게 되었다.

　많은 부모들이 아이의 쉬를 가리기 위해(저절로 가려지는 경우가 아니라면) 여러 가지 방법을 쓴다. 애원하거나 설득하거나 혹은 혼내거나 하는 등등 부모로서 최선을 다한다. 그러나 어떠한 최선의 방법이든 부모의 인내와 어린아이의 눈높이에 맞춘 지속적인 대화는 반드시 필요하다. 아이가 쉬를 한다고 화를 내거나 벌을 세우는 건 소용이 없다. 두려우면 잠도 제대로 못 잘 뿐만 아니라 무서워서 더 하게 되니 말이다.

　아이의 시간은 부모의 인내를 늘 벗어난다. 내 인내심이 극에 달해 그것을 넘어섰을 때 아이는 조금씩 변해왔다. 그래서 부모가 되는 건 행복하지만 고된 일이다.

　조선시대, 지금의 기록연구사와 유사한 사관이라는 신분의 공무원이 있었다. 사관들은 임금의 일거수일투족과 조정에서 일어난 모든 사실을 기록하는 사람들이었다. 중종실록(26권) 사론에 의하면 사관에 대해 다음과 같이 말하고 있다.

　"사관은 지위는 낮지만 만세의 공론(公論)을 쥐고 있으니, 위세를 두려워해서도 안 되고 사사롭게 아부해서도 안 된다. 크게는 임금의 득실과 작게는 대신의 선악을, 붓을 잡고 기록하되, 늠연(凜然)해서 압설(狎褻)하는 일이 없어야 한다. 그래서 직책은 중하고 처지는 엄비(嚴秘)하니, 진실로 삼공의 낭속(郎屬)이 아니다."

　이 말을 해석해보자면 다음과 같다. 사관의 지위는 낮지만 아주 오랜 세월 공공의 논의내용을 모두 알고 있으니 현재 있는 권력을 두려워해서도 안 되고 사사롭게 아부해서도 안 된다. 크게는 임금의 얻을 것과 잃을 것, 작게는 신하들의 옳고 그름을 기록하되 위엄있고 당당하되 무례해서는 안 된다. 그래서 (사관의) 직책은 중요하고 처지는 진중하게 가져야 하며, 진실로 (사관은) 영의정, 우의정, 좌의정의 부하가 아니다.

세계적으로 인정받는 조선왕조실록을 실제 기록·편찬한 조선의 사관들, 〈사관 위에는 하늘이 있소이다〉(박홍갑 저)라는 책에 의하면 사관은 편전에 입시하기 위해 조선에서 가장 강한 군주 중 하나인 태종에 맞섰고 사초로 인해 사화가 일어나, 수많은 사람이 목숨을 잃었으며, 임금이 독대하는 것을 막고 현장을 기록하기 위해 끊임없이 노력했다. 또한 중종시대 왕비나 빈들이 거처하는 규문 안에 여자사관을 두기 위해 왕을 설득했으나 이루지 못했다. (그러나 조선 후기에는 여자 사관이 있었던 것으로 보인다.)

사관은 뽑는 기준도 엄격했고 수행업무도 타 업무와 달리 높은 강직성, 공정성이 요구되었다. 또한 왕도 두려워 할 정도의 엄격한 역사의식을 가졌으나 최고 권력의 언행을 끊임없이 살펴야 하니 현실에 대한 도전은 늘 있었을 것이다.

조선 초, 사관은 전내에 들어가지 못한 채 양쪽 계단에 엎드려 기록했다. 그렇다면 사관이 우리가 익히 생각해왔던 모습인, 임금 앞에서 전내에 입시해 지필묵으로 기록하기까지는 얼마만큼의 시간이 필요했을까?

책에 따르면 성종20년 예문 검열 이주가 "신등은 직책이 일을 기록하는 데 있사온데, 무릇 신료들이 일을 아뢸 때에 땅바닥에 엎드리어 머리를 들지 못하므로, 다만 그 음성만 듣고 용모를 보지 못하니, 어찌 능히 그 사람을 분변할 수 있겠습니까? 이것으로 인하여 일을 기록한 데 의심스러운 점이 없지 않을 수 없습니다. 사신은 직필을 귀하게 여기는 것이온데, 의심스러운 점이 있으면서도 감히 기록하니, 신은 마음이 편치 못한 바입니다. (중략) 옛날의 사신은 용색과 언모를 모두 기록하여 후세에 전했으니, 땅에 엎드리어 일을 기록하는 것은 옳지 못한 듯합니다. (중략) 옛날의 사관은 엎드리지 않았던 것이 분명합니다. 사관 두 사람이 지필을 가지고 좌우에 꿇어앉으면 조의에도 문란하지 않을 듯 합니다."

이에 성종이 명했다. "이제부터 사관은 앉아서 일을 기록하라." 성종 말년, 조선이 건국된 지 거의 100년이 다 된 시점에 그들은 지필묵을 가지고 입시해 앉아서 기록할 수 있었다.

세상에는 다른 무엇보다 시간이 필요한 일들이 있다. 세상에 무방비 상태로 태어난 아이를 양육하는 일, 가장 많은 방비책을 가지고 있는 권력자를 제어하는 일, 이런 일들은 짧은 시간으로 보면 아무것도 변하지 않는다고 느껴지는 일 중 하나일 것이다. 밥을 안 먹는 아이는 평생 안 먹을 것 같아보이고, 잠을 잘 못자는 아이는 계속 보챌 것 같기 때문이다.

사관들도 그러했을 것이다. 임금이 있는 장소에 들어가지 못해 문 밖에서 안을 엿들으며 기록해야 했을 것이고 사초실명제라는 미명하에 본인의 직필을 늘 두려워하고 변하지 않음을 한탄했을 것이다.

그러나 긴 호흡으로 개인과 역사를 돌이켜보면 아이는 자라 어엿한 성년이 되어있고 권력은 다양한 방법으로 분산되어 민주주의를 이룩해오고 있다. 때문에 민주주의의 핵심인 기록(정보)은 공개되고 과정은 기록되어 왔다. 변하지 않을 것 같은 지난한 상황들이 긴 시간에 걸쳐 보다 많은 사람에게 만족하는 결과를 가져오기 위해서는 시간을 보내는 개인들의 노력(올바른 목표, 지속적인 노력, 간절한 염원)이 필요하다.

나는 새해를 맞이하면서 이 시간에 대해 많은 생각을 했다. 올해 다섯 살이 되는 막내아들이 4살부터 본인은 다섯 살이라고 한다든지, 다섯 살이 되니 자신은 일곱 살이라고 말하는 걸 보며 내가 육아에 대한 조급함을 가지고 있는 건 아닐까? 하는 생각과 지난 10년간 변하지 않은 것 같은 기록관리에 대해 복기하는 심정으로 과거를 더듬어보기도 했다.

그렇게 생각한 끝에 내린 결론은 노력에 대한 태도였다.

절박하거나 애타게 사물을 바라보고 있는 것은 아닌지, 노력이라는 미명하에 과정의 즐거움을 누리지 못하고 있는 건 아닌지, 결과중심주의에 매몰되어 결론을 내기 힘든 사안들에 절망하고 있지는 않은지를 말이다. 기록관리는 작게는 100년을 보고 하는 업무라 생각한다. 그렇다면 그 환경 역시 단기간 변하지는 않을 것이다. 노력하되 여유를 가질 것, 육아든 기록관리든 모두 대답되는 일일 것이다.

다시 새해가 돌아왔다. 혹 작심삼일이 될 수도 있는 올해 목표는 '싱글싱글'이다. 그간 나의 기본인상이 굳은 탓에 아침마다 목표를 실현하기 위해 애써 웃음을 짓다보니 주름도 지고 근육들이 놀라기는 하지만 좋아서 웃는 게 아니라 웃어서 좋은 일도 생기는 것 같기도 하다.

나의 이러한 변화로 엄마로서, 기록인으로서의 감격적인 순간을 과정의 기쁨과 함께 누리기를 공공의 장소에 다짐하고 기록해본다.

02편

◆
◆
◆

더 나은 공동체 품격있는 삶,
현실로 만드는 길

　　　　　　　　　　〈대한민국이 묻는다〉라는 책을 보면 국민의 불행에 대해 문재인 대통령이 답한 말이 있다. "사람의 가치를 잃어버리고 돈, 물질, 성공, 사회적 지위, 출세 이런 것들을 더 중요한 가치로 숭배하게 되었다. 마하트마 간디는 사회를 망치는 일곱가지 죄를 말했다. 원칙 없는 정치, 노동 없는 부, 양심 없는 쾌락, 인격 없는 교육, 도덕성 없는 상거래, 인간성 없는 학문, 희생 없는 신앙…(중략) 간디는 세상을 바꾸기 위해서는 자신이 먼저 바뀌어야 한다고 했다." 문재인 정부가 출범한 이후 지속적으로 말하고 있는 '사회적 가치'를 잘 설명해주는 말이 아닐까 싶다.

　　나는 그 사회적 가치라는 것이 궁금해졌다. 개인적으로 '사회적 가치 실현'이라는 주제를 기록관리의 방향성으로 생각하는 지금, 내가 어디로 가야할지를 제시해주는 큰 화두가 되고 있다.

사회적 가치란 사회·경제·환경·문화 등 모든 영역에서 '공공의 이익'과 '공동체의 발전'에 기여할 수 있는 가치다. 이는 헌법이 지향하는 가치 중 사회의 재생과 건강한 발전을 위한 인권, 노동권, 안전, 사회적 약자 배려, 민주적 의사결정과 참여의 실현 등 공동체와 사회 전체에 편익을 제공하는 것을 말한다. 이를 위해 정부는 3대 전략 7대 핵심과제 10대 추진계획을 세웠고 경상남도는 7대 핵심과제 50개 사업을 수립해 사회적 가치 중심의 참여도정으로 도민 제일주의 도정 실현을 위해 노력하고 있다.

　우리나라는 세계에서 유례없는 경제성장과 민주주의 발전을 이룩한 나라다. 그러나 고용, 양극화, 결혼·취업·출산 등 개인적인 불안으로부터 묻지마 살인, 테러, 재난 등 사회적인 불안까지, 지금 우리는 '불안의 시대'를 겪고 있다. 그동안 우리는 이 불안을 해소하기 위해 돈에 최고의 가치를 두는 인생, 경제성장만을 최고의 가치로 추구하며 살았다. 그러나 자살률, 노인층 빈곤율, 저출산 등에서 최고의 성적표와 국민 삶의 질, 정부 신뢰도, 부패인식지수 등 공동체 삶에 대한 지표에서는 초라한 성적을 보여주고 있다.

　경제적 가치만을 추구한 결과는 그 한계를 드러냈다.

　나는 요즘 아침마다 도청 앞에서 시위하는 ○○조선해양 노동자들을 본다. 그분들을 볼 때마다 내가 하는 일이 무슨 가치가 있을까라는 회의감을 느끼곤 했다. '생존을 위한 투쟁' 앞에 나의 일은 너무 배부른 소리 같은 생각이 드는 것이다. 나는 기록을 연구하고 일생의 업으로 그것을 가져가고 있지만 "기록보다 사람이 먼저"라는 생각을 (당연하지만) 가지고 있다. 때문에 우리 조상들이 일제 강점기, 6·25 등 어려운 시절 추운 겨울을 보내기 위해 중요한 자료(기록)를 태웠다는 사실들을 이해한다.

기록을 지키려고 고난을 자초한 우리 조상들(안의, 손홍록 등) 앞에서는 경건해지지만 사람의 생명에 우선하는 기록은 없다고 생각하기 때문이다.

이런저런 생각을 하다가 우연히 〈세상을 바꾸는 시간 15분〉이라는 프로그램에서 '햇빛 영화관, 관심을 켜다'라는 주제로 기여운 삼성전자 선임연구원의 강의를 듣게 되었다. 내용은 기 연구원이 우연히 사내 강연에서 아프리카 말라위에 사는 마틴이라는 소년이 밤에 영화를 볼 수 있는 영화관이 있었으면 좋겠다는 소원을 듣고 아프리카에 영화관을 만들어줬다는 이야기다. 나는 이 이야기를 들으면서 최빈국인 아프리카 말라위에 사는 사람들이 원하는 것이 단순히 음식과 물, 교육만이 아니라는 것을 알게 되었고 미디어의 영향이 크겠지만 아프리카 말라위에 가지고 있는 나의 편견이 얼마나 잘 못된 것인지를 교훈하게 되었다. 또한 이 강의는 기록관리의 무의미함에 잠시 낙망했던 내게 기록관리의 가치를 생각하게 하는 계기가 되었다. 단순히 경제적 가치에 매몰된다면 기록관리는 의미를 잃을지는 모르지만 '공동체의 삶'이라는 주제로 이것에 접근한다면 이야기는 달라질 수 있다. 또한 '사회적 가치'의 측면에서 본다면 기록관리는 여러 분야에 걸쳐 그 의미가 뚜렷해진다. 그 의미를 간략하게나마 살펴보자면 다음과 같다.

첫째 시민적 권리로서 민주적 의사결정과 참여의 실현을 위한 가장 기본적인 공공기관의 업무, '정보공개'의 출발점이 바로 기록관리다.

공개를 위해서는 양질의 기록이 생산·관리되어야 한다. 예컨대 주민의 삶과 밀접한 연관성이 있는 회의의 경우 회의록을 의무적으로 생산·강제해야 한다. 그중 회의의 중요성으로 발언내용이 모두 남겨져야 할 경우 속기록 등의 생산이 의무화되도록 관리하여야 한다. 또한 생산하고 있지만 등록하지 않음으로써 공개 자체가 불가능한 기록을 관리될 수 있도록 지도하여야 한다. 마지막으로 도민에게 필요한 기록을 선별하여 도정의 이야기를 재미있고 알기 쉽게 알려줘야 하며, 도정 기록을 보다 쉽게 접근할 수 있도록 보유 기록의 공개 재분류를 통해 적극적으로 공개를 유도하여야 한다.

둘째 품격 있는 삶을 누릴 수 있는 문화자원의 제공이다.

아프리카에 있는 소년이 원했던 '영화관'처럼 기록은 그것으로부터 파생되는 여러 가지 문화적 혜택들을 공평하게 제공할 수 있을 것이다. 지역사에 대한 고찰, 그 고찰에 대한 쉬운 해석, 시대를 살아가는 과제와 과거로부터 얻은 반성과 교훈을 누구나 쉽게 알 수 있게 기록을 관리·이용하여야 한다.

기록은 시대의 문화자원으로 그것의 효과적인 배분에 공동체를 위한 가치가 우선 고려되는 것은 당연한 일이다. 그러나 무엇보다 기록관리가 사회적 가치를 구현할 수 있는 가장 큰 이유는 기록으로 스스로를 돌아보게 하는 현 권력의 견제와 남겨진 기록으로 지금보다 더 나은 가치를 창출하게 하는 미래세대에 대한 오늘날의 자산일 것이다. 문재인 정부와 이번 주 내내 내 마음을 먹먹하게 한, 마지막까지 노동자들의 벗이었던 고(故) 노회찬 의원의 공과는 기록으로 남겨져 사회적 가치 실현을 지속가능하게 하는 출발점이자 종점이 될 것이다.

앞서 말한 문재인 정부의 의지가 아니더라도 기록관리는 사회적 가치를 논하지 않고는 그 존재이유를 밝히기 어렵다. 그러나 기록관리는 사회를 유지하는 기본적인 행위이기 때문에 그 중요성에 대해 '무감각' 해지는 경향이 있다. 때문에 어려움이 있는 것은 사실이나 그런 무감각함에 대해 비판할 생각은 없다. 각자 주어진 자리에서 자신의 일을 정성스럽게 수행하다 보면 개인적으로든 공적으로든 주어지는 감동이 있을 것이라 생각한다.

기록관리는 사회적 가치 실현에 기본이 되는 든든한 동반자가 될 것이다.

03편

스마트팩토리, 스마트 아카이브
기록 4.0, 우리는 무엇을 준비해야 하는가?

        어릴 적 역사시간에 배운 '러다이트 운동', 1810년대 영국에서 일어난 기계 파괴 운동으로 농업과 수공업 중심의 경제가 제조업 중심으로 변화하면서 사회전체 변화에 따른 일자리 변화로 사람들은 불안과 반감을 가졌고, 사람들은 기계를 고장 내거나 공장자체를 불태우는 활동을 전개했다. 그러나 이 운동은 최초의 노동운동이라는 의미 등은 가지지만 실패했다고 한다. 기계를 통한 대량생산과 생산성의 향상이라는 시대적 흐름은 기존 일자리가 없어지긴 했지만 새로운 일자리가 형성되어 실업자를 흡수할 수 있었고 그것은 노동자들이 거스를 수 없는 부분이었다고 한다. 이는 1차 산업혁명에 따른 명암이며 이 변화는 전기동력의 대량생산인 2차, 컴퓨터를 통한 자동화시대인 3차 산업혁명으로 이어지게 된다. 그리고 이제 소프트파워를 통한 지능형 공장과 제품의 탄생을 예고하고 있는 4차 산업혁명시대에 진입했다.

4차 산업혁명의 주 내용은 무엇일까?

'명견만리'라는 책 내용에 따르면 4차 산업혁명은 하드웨어와 소프트웨어의 결합, 모든 사물이 인터넷으로 연결되어 데이터를 만드는 초연결사회, 데이터가 지배하는 산업현장, 고객의 욕구를 충족하는 똑똑한 제품과 공장 등으로 설명하고 있다. 예컨대 에디슨이 만든기업 GE는 항공데이터를 분석해 최적의 비행기 조종법을 제안, 엔진 유지보수 등 맞춤형 서비스를 제공하고 유럽의 제조 강국인 독일역시 '인더스트리 4.0'을 강조하며 디지털 산업화로 나아가고 있다. 인간과 기계의 협업으로 소비자 맞춤형 가구를 생산하고 가상–물리시스템을 이용해 제품주문 후 24시간 이내에 전자전기제품을 출하하고 있다. 이 방식은 1만 배가 넘는 데이터 취급으로 여덟배나 향상된 생산성을 보게 된다. 이를 위해 독일은 중소기업을 강력히 지원하는 등 다각도의 정책을 추진하고 있다. 4차 산업혁명은 단순히 생산방식을 개선하는 것이 아니라 열린 참여를 통해 누구나 함께하며 혁신하는 경영이 필요하다. 세계 최대 택시 회사인 우버에는 택시가 없고, 페이스북은 아무런 콘텐츠를 만들지 않는 이유다. 이를 위해서는 대기업과 중소 벤처기업의 건실한 상생 생태계 조성이 필요하다.

나는 지난 달 좋은 기회가 있어 독일의 스마트한 현장을 방문했다. 4차 산업혁명의 견인차 역할을 하고 있는 독일의 선진기술을 눈으로 확인할 수 있는 시간이었고 유럽 사회가 구하고 있는 것을 볼 수 있는 소중한 시간이었다.

독일의 첫 분위기는 무엇이든 웅장했고 담백했다. 또한 과거의 건물을 지속적으로 이용해 몇 백년이 넘는 건물들이 부지기수였다. 이상스러운 점은 가장 스마트하다고 알려진 독일이 실 생활은 과거의 것을 지속적으로 고수하는 부분이 훨씬 많다는 점이었다. 예컨대 유명하다는 가게는 과거에 이곳이 무엇을 했는지 알려주는 사진들이 많았으며 건물의 외형도 원형그대로 보수하는 차원에서 관리·운영하고 있었다. 인터넷뱅킹도 우리나라와 달리 송금기간이 3일이나 걸렸고 도로건설도 언제 끝날지 모르는 긴 시간이 든다고 했다. 와이파이가 자유로운 우리나라와 달리 IT분야는 우리나라와 견줄 수준은 아니었다. 물론 빠른 것만이 좋은 것은 아니지만 우리나라가 IT강국이라는 사실을 두드러지게 느낄 수 있었다. 때문에 독일에서는 IT 기술자 부족으로 높은 연봉의 기술이민이 활발하게 이루어지고 있다고 한다.

나는 독일을 경험하면서 '조화로운 변화'를 생각했다. 4차 산업혁명의 기반환경인 '함께하며 혁신하는 경영시스템'이 사회 내 조성되어 있었고, 급격한 변화보다는 대화와 소통으로 단절과 분란을 야기하는 일들의 사회적 비용을 줄이고, 조화로운 변화를 선도하고 있다. 정치, 경제, 사회, 문화가 함께 만들어가는 독일의 스마트한 4차 산업혁명의 현장은 짧은 시간이었지만 내게 큰 울림을 주었다.

또한 기록연구사의 눈으로 본 독일은 나라 전체가 기록화되어있는 느낌이었다. 잠시 산책을 하러 나간 언덕에는 과거에 세웠을법한 조형물들이 곳곳에 세워져있었고 벤츠박물관에는 벤츠사가 걸어온 날들을

독일시내(만하임) 내 건물

벤츠박물관 내 기록전시

당시 생산한 기록으로 설명하고 있었다. 많은 건물들이 하나의 기록이었고 사람들은 그것에 자부심을 느끼고 있는 듯 했다. 어느 순간 사라지는 우리나라의 건물과 달리 독일의 건물은 나에게 그 나라의 과거와 현재 그리고 미래까지 경험할 수 있게 했다.

나는 이 경험을 통해 우리의 기록관리를 생각했다. IT 기술이 뛰어난 우리나라는 2000년대부터 전자문서 시스템을 도입해 어느 나라보다 뛰어난 디지털 아카이브 환경을 구축하고 있다. 그러나 디지털 환경이 종이문서 관리환경에 기반해 설치·운영되고 있어 외형은 디지털이지만 실제는 아날로그 기록관리가 운용중이다. 과거 생산한 종이기록물의 축척이 불러온 결과일 수 있지만 지금 생산되는 다량의 전자기록환경에서는 고수하는 것이 불편한 방식이다. 그러나 더 불행한 사실은 이 상황을 타개할 대안도 현재는 딱히 보이지 않는다는 것이다.

물론 이 난관을 극복하기 위해 여러 방안을 고민하고 있다. 국가기록원은 전자기록관리 고도화사업인 BPR/ISP 사업을 진행해 그 결과물을 도출하고 있고 블록체인 기술을 이용한 기록의 무결성 검증 및 모든 공공기록을 어느 곳에서도 검색할 수 있는 보존·활용의 양방향 시스템을 계획하고 있다. 지방기록물관리기관에서도 영구기록관리시스템 개발로 전자기록관리 환경에 적합한 스마트한 기록관리체계 구현을 위해 노력하고 있다.

상황은 변화고 있고 변화는 지속할 것이다. 그러나 그 변화가 혁신이라는 이름으로 마땅히 가져야할 기록의 속성을 깨는 일이 없기를 바란다. 기록의 본질을 무시한다면 '지속가능한 기록관리의 미래'는 보장할 수 없을 것이다. 우리만의 고유의 것이 무엇인지 잊지 말고 그것을 살릴수 있는 방안도 함께 연구하여 미래로 나아가야 한다. 독일을 다녀온 후 전통 기록관리와 미래 기록관리를 동시에 생각했다. 과거를 단절하지 않고 현재와 연결하여 미래의 핵심적 가치에 투자하는 독일처럼, 조선왕조실록과 같은 위대한 기록문화를 창조한 전통 기록관리를 보다 더 연구하여 이를 통해 상상과 창조로 이루어지는 4차 산업혁명의 부분과 전체가 되었으면 한다.

모든 산업이 변화할 것이다. 기록관리도 예외일 수 없다. 기록관리의 각 부분들이 보다 스마트해져 우리나라의 4차 산업혁명의 귀감이 되는 모델이 되었으면 한다. 더 욕심을 부리자면 이 모델은 시민에게 보다 현실적으로 다가오는 결과물로써 활용되길 바란다. 결국 기록관리의 최종 목적은 그것의 '활용'에 있지 않겠는가?

독일에 처음 도착했을 때 나를 반겨준 건, 우리나라에서 늘 보아왔던 '달'이었다. 그 달은 독일에 있는 동안 이곳이 한국과 다르지 않음을 나에게 증명해 주었고 그 다르지 않음이 내게 용기를 주기도 했다. 온 정성을 다해 미래를 준비하는 선도자들의 스마트팩토리, 인더스트리 4.0 그리고 나의 기록 4.0 그 어떤 것도 우리는 해낼 수 있을 것이다.

나는 늘 그러한 저력 있는 대한민국을 겪어왔다.

04편

역사의 현장 '정성스럽게' 남기자

우리 민족의 도전과 응전의 장벽이었던 분단의 선을 65년 만에 넘은 김정은 북한 국무위원장은 다음과 같은 말을 했다.

"위대한 역사는 저절로 창조되고 기록되지 않으며 그 시대 인간들의 성실한 노력과 뜨거운 숨결의 응결체입니다. 이 시대의 우리가 민족의 화해단합과 평화번영을 위하여 반드시 창조해 놓아야 할 모든 것, 창조할 수 있는 모든 것을 완전무결하게 해놓음으로써 자기 역사적 책임과 시대적 의무를 다해나가야 할 것입니다. 그 길에는 외풍과 역풍이 있을 수 있고 좌절과 시련이 있을 수 있습니다. 고통이 없이 승리가 없고, 시련이 없이 영광이 없듯이 언젠가는 힘들게 마련되었던 오늘의 이 만남과 그리고 온갖 도전을 이겨내고 민족의 진로를 손잡고 함께 해쳐간 날들을 즐겁게 추억하게 될 것입니다."

이번 회담도 저절로 창조되고 기록된 것이 아니라, 그 과정에 수많은 노력이 있다는 것을 안다. 역사적 만남은 생중계되었고 남과 북, 그리고 한국을 사랑하는 모든 사람들은 함께 환호했다. 그들의 손짓, 발짓 하나하나 역사에 길이 남을 기록이 되었다.

기록관리 업무를 수행하는 자의 눈으로 본 정상회담은 뜻 깊었다. 두 정상이 도보 다리에서 연 44분간 단독회담은 내용을 제외하고 그 자체가 기록되었다는 것에 만족하며 이 상황을 주도한 그분들의 기록 정신으로 스스로의 기억을 기록으로 남겨 두었으리라 짐작해본다.

이번 정상회담에서는 수많은 기록이 생산됐다. TV, 라디오 생중계라는 영상기록, 두 정상과 두 나라의 만남을 실시간 촬영한 사진기록, 합의문과 상호 간에 주고받은 선물인 행정박물, 그간 회담을 위해 서로 간 주고받은 문서 등, 두 정상의 만남은 신중했으며 기록은 어느 하나 소홀함 없이 '정성스럽게' 생산되었다. 굳이 기록학을 공부한 사람이 말하지 않아도 스스로 가치를 인정받는 그 기록들은 보존, 관리되어 앞으로 민족의 평화와 번영을 위해 활용되리라 생각된다.

기록은 역사의 증거다.

이번 회담을 통해 나는 기록과 역사의 연결성에 대해 다시 한 번 생각해보았다. 기록학을 공부할 때부터 생각한 것은 역사와 기록은 수레바퀴처럼 맞물리는 학문이지만 그렇다고 완전체는 아니었다. 그동안 나에게 역사라는 학문은 근접하는 것이 외람될 만큼 조심스러웠고 역사의 한 부분일 수 있는 기록을 잘 관리하는 것이 내 몫이라 생각했다. '기록을 잘 관리한다는 것은' 주어진 환경 속에서 나름 터득한 스스로의 이해도를 기초로 기록을 생산·보존하고, 불필요한 것들을 폐기하는 것이다. 그 후 남은 것은 누군가가 그 기록을 활용하여 각자의 의견대로 역사의 그림을 그릴 것으로 생각했다.

아널드 J. 토인비가 쓴 〈역사의 연구〉 서문에는 다음과 같은 말이 있다.

"사람들이 역사를 연구하는 이유는 무엇일까? 이 물음에 대해 저자는 개인적으로 이렇게 답할 수 있다. 인생에 하나의 목표를 가진 다른 행복한 사람과 마찬가지로 역사가도 하나님을 더듬어 찾기만 하면 만날 수 있게 하셨다는 신의 소명 속에서 자기 사명을 발견한다. 사물을 보는 각도는 수도 없이 많지만, 역사가의 시각은 그 중 하나에 불과하다. 이 역사가의 시각이 우리에게 특별히 이바지할 수 있는 것이라면 쉼 없이 진행되는 신의 창조 활동을 밝혀 보여주는 것이다. 신의 활동은 인간의 경험에서 볼 때 6차원의 틀 안에서 진행되고 있다. (중략) 창조적 불꽃이 타오르려면 도전과 함께 응전이 있어야 한다."

현대 학문의 가장 빛나는 업적 중 하나로 꼽히는 이 책을 통해 나는 역사가의 시각은 역사 전체를 보는 것이 아니라 그중 하나에 불과하나 (역사는) 신의 창조활동을 밝혀 보여주는 것으로 이해했다. 곧 역사는 각 분야의 부분이며 전체로서 인류사회를 밝혀 준다는 것이다.

기록과 역사의 연결성을 스스로 이해하지 못하면 나의 기록관리는 편협해질 수 있다는 생각을 하곤 한다. 이해가 없다면 도민들에게 잘 관리된 기록이 주는 효과 중 하나인 정체성 확립은 고사하고 장님 코끼리 코 만지듯 전체의 부분만을 보여 줄밖에 없을 것이다. 기록의 한계를 알되 한계라는 상태에 머무르지 않고 남은 기록을 역사의 충실한 현장으로 재현하는 것, 그것이 내가 해야 할 일 중 하나라고 생각한다.

그러나 나는 아직 역사와 그 가치를 말하는 것이 조심스럽고 확신할 수 있는 것은 적다. 요즘 내 주위에서 내가 가진 그 조심스러운 것들을 단기의 판단으로 쉽게 팔아버리는 사람들을 보곤 한다. 면전에서 말하지 못한 소심함이 부끄럽지만 지면을 빌려 용기 내 그분들에게 하고 싶은 말이 있다.

역사를 누가 판단하는가? 기록물관리기관은 과거, 현재를 그리고 미래를 이야기 곳으로 흔히 역사를 관리하는 곳으로 생각한다. 그러나 역사에 대한 판단은 E. H. 카의 말처럼 '역사와 역사가의 끊임없는 대화'로 역사의 판단 대상은 현재 여기있는 기록연구사, 역사전문가라는 자격을 가진 사람들이나 기타 역사와 관련 있는 기관의 고위 관계자가 단기로 판단하는 것이 아니라, 끝없는 시간의 흐름을 겪으며, 지속된 대화를 통한 여러 의견(출판 매체)을 통해 합의된, 혹은 합의되지 못한 결과물들일 것이다. 역사가 그렇게 거창할 필요도, 인간의 삶을 뛰어 넘을 만큼 과도하게 추앙되어서는 안 되지만 그렇다고 충분한 고려 없이 단기적 사고로 판단할 내용도 아니다. 역사는 인간의 삶 중 일부분이며 전체일 수 있다. 역사가 전부는 아닐지라도 그것이 없다면 과거를 비출 수도 없다. 누구도 그 말을 할 자격은 있지만 씹다 버리는 일회성 유흥도 아니다.

삶의 오류는 지나치게 빠른거나 느린, 잘못된 생각과 판단에서 일어난다. 그러나 교정의 기회는 항상 있다. 내게 오류가 있을 수 있다는 사실을 깨닫는 것, 시작은 그것일 것이다. 역사를 말할 자격은 누구에게나 있지만 나의 판단이 틀릴 수 있다는 생각역시 누구에게나 필요할 것이다. 단기적 판단으로 누군가에겐 전부가 될 수 있는 '역사와 기록'을 함부로 논하지 마라.

혹시 이 말이 나의 무지라면 깨우쳐주시라. 달게 받겠다.

이번 정상회담의 감동을 통해 나는 기록과 역사의 연결성에 대해 생각해보았다. 정상회담으로 남은 기록은 앞으로 역사의 부분이나 전체로 활용될 것이며 지금과 이후의 판단은 다를 수 있으니 '정성스러운' 평가가 필요하다는 결론이다. 물론 지금의 여러 판단도 역사의 부분으로 기능해 전체를 형성할 것이지만 막말은 삼가 주시라. 여기 기록학과 역사학을 인생의 전부처럼 배우는 사람도 있으니 말이다.

앞서 언급한 정상회담의 "위대한 역사는 저절로 창조되고 기록되지 않으며 그 시대 인간들의 성실한 노력과 뜨거운 숨결의 응결체"라는 내용과 아널드 J. 토인비의 〈역사의 연구〉의 내용 중 "창조적 불꽃이 타오르려면 '도전'과 함께 '응전'이 있어야 한다"는 설명은 일맥상통한다. 북한에서 이 책을 읽고 그 글을 썼는지, 아니면 도전과 응전이라는 것이 보편타당한 것이기에 그 내용이 연결됐는지 모르겠지만 며칠 전 판문점 회담은 그 '도전과 응전'의 모습이었고 나와 우리는 매일 그 '도전과 응전'의 삶을 살고 있다.

이 도전과 응전이 편협해지지 않도록, 역사가 우리의 무지로 빚어낸 자의적인 판단이 되지 않기를 소망한다. 그 후에 도출된 결과물은 나 스스로에게도 부끄럽지 않은 타인의 이해를 불러내는 '정성스러운' 역사가 될 것이다

05편

진실은 디가우징 할 수 없다

　　　　　　　　　　　　　내가 유일하게 챙겨보는 프로는 JTBC의
〈썰전〉이다. 이 프로는 국내외에서 일어나는 정치 등의 굵직한 이슈들
을 진보, 보수의 입장에서 명쾌하게 설명해준다. 이를 통해 정치에 무
지한 내가 짧은 시간 안에 여러 사안들을 배울 수 있다. 지난주까지 유
시민 작가가 나왔지만 "잊혀지는 영광"을 말하며, 아쉽게도 떠나고 후
임자로 정의당 노회찬 의원이 나왔다.

　첫 번째 토론 주제는 양승태 전 대법원장 PC 디가우징 논란이었다.

　디가우징((Degaussing)이란 자기장으로 하드디스크를 물리적으로 복
구 불가능하게 지우는 것으로 컴퓨터 내의 모든 자료를 삭제(폐기)하는
것을 말한다.

　대법원은 "(하드디스크) 디가우징은 퇴임 법관 전산장비에 대한 통상
적인 업무 처리 절차인 전산장비운영관리지침 27조 등에 따른 것"이라

고 말하고 있다.

그러나 여러가지 논란은 접어두고 내가 주목하는 바는 노회찬 의원이 말한 "대법원장 퇴임 시 PC에 남아있는 자료를 '공공기록물 관리에 관한 법률(이하 "공공기록물법"이라 함)'에 의해 추출해야 한다"라는 대목이었다.

공공기록물법 제3조 제2호에 의하면 "기록물이란 공공기관이 업무와 관련하여 생산하거나 접수한 문서·도서·대장·카드·도면·시청각물·전자문서 등 모든 형태의 기록정보 자료와 행정박물(行政博物)을 말한다"라고 되어있다. 같은 조 제3호에 의하면 "기록물관리란 기록물의 생산·분류·정리·이관(移管)·수집·평가·폐기·보존·공개·활용 및 이에 부수되는 모든 업무를 말한다"라고 되어있다.

그렇다면 퇴임 대법관의 PC 내 자료는 기록일까? 개인적인 편지, 사진이 아니라 업무와 관련해서 생산·접수했다면 기록이 맞다. 또한 기록관리의 범위에는 생산부터 폐기까지 적시되어 있으니 '폐기(디가우징)'는 이 법에 따라 관리되어야 한다.

흔히 기록인들은 기록의 '생산'이 시작이 아니라 생산과 더불어 관련 기록물을 전자기록생산시스템 등에 '등록'하는 것을 기록관리의 시작이라고 한다. 사람이 출생을 하면 주민등록번호를 부여받아 그 지역에서 책임과 권한을 누리듯이 기록도 '등록'이라는 생산자의 행위를 통해 수집, 폐기, 활용 등의 관리 과정에 들어서게 되는 것이다.

그렇다면 퇴임 대법원장의 PC에 있는 기록이 등록되지 않았다면 어떻게 될까? 기록이 아닐까? 관리를 하지 않아도 되는 것일까? 기록전문가들의 인지 범위 내에 들어서 관리 받지 못하는 사태가 벌어질 수는 있으나 그 자체는 공공기록물이다. 사람이 태어나 주민등록번호를 받지 못해도 태어난 이상 등록번호를 받은 그 사람과 동일한 인격을 가진 귀한 '사람'이듯이 말이다. 단지 다른 것은 번호를 받지 못했다는 이유로 공공의료 등의 서비스 받을 권리를 박탈당하는 것뿐이다.

물론 '공문서'와 '기록'의 범위는 차이가 있다. 공문서는 결재와 사인을 받음으로써 성립하고 기록은 (여러 가지 의견들이 있으나) 업무와 관련하여 생산한 기록이 관리될 수 있는 시스템이 구비된 경우, (비록 등록하지 않더라도) 기록으로 성립한다고 여긴다. 따라서 퇴임 대법원장 pc의 모든 기록이, 기록으로 성립하는지에 대해서는 사건에 대한 면밀한 조사가 필요할 것이다. 모든 기록이, 기록으로 성립되는 것은 아니겠지만 그 중 관리대상 기록이 존재한다면 등록되어 번호를 부여받고 기록관으로 이관해야 한다. 이관 후 보존기간 경과 시, 기록관리전문요원의 평가를 거쳐 폐기 등의 결정을 하게 된다.

더하여 같은 법 시행령 제21조에 따르면 "대통령·국무총리 및 중앙행정기관의 장, 지방자치단체장, 교육감 및 교육장 등 주요 직위자의 업무관련 메모·일정표·방문객명단 및 대화록"은 등록·관리 대상이다. 즉 대법원장은 주요 직위자이니 업무와 관련하여 생산·접수한 자료는 '기록'으로 성립될 가능성이 매우 높다는 것을 의미한다.

'기록'과 관련된 논란은 지난 10년간 꾸준히 진행되어 왔다. 기록의 무단유출 및 파기, 지정기록물의 일방적 공개 등 가장 비정치적이어야 할 기록이 정쟁의 한가운데 선 적이 많았다. 물론 이러한 과정이 모두 무의미하지 않을 것이다. 비정치적으로 가는 과정에서 생길 수 밖에 없는 사건일 수 있다.

그러나 그 희생은 너무 컸다고 본다. 예컨대 결혼을 한 부부가 결국 행복하게 살기 위한 과정인 싸움 중 '티격태격'의 수준이 아니라 물리적·내면적 상처를 가득 안은 채, 헤어지거나 그것을 준비하는 마침표의 수준이었다. 이 싸움으로 너무 많은 사람들이 상처입은 것뿐만 아니라 우리의 과거 역사가 훼손, 멸실되었다고 생각한다.

2008년 봉하마을 기록물 유출사건과 관련해 명지대학교 기록정보 과학전문대학원 김익한 교수가 한겨레 신문 기사(2008-07-21)에서 다음과 같은 발언을 했다. "청와대가 문제를 제기하고 풀어가는 주체가 되면서 정치적이 됐다. 주무기관인 국가기록원에 전적으로 맡겼어야 한다. 또 국가기록원은 그간 언론에서 문제 삼았던 사안들에 대해 신속하고 정확하게 대응했어야 했다."

10년이 지난 지금, 그때와 달리 국가기록원은 민간기록원장 시대를 맞이했다. 이는 '기록관리'의 정치적 중립을 달성하라는 국민의 바람이라고 생각한다. 또한 기록과 관련한 논란을 법과 규정, 상식에 맞도록 엄중하게 권한을 행사해 일을 수행하라는 뜻일 것이다.

제도적 장치는 일부라도 마련되었다. '때문에'라는 말은 이제 국민에게 납득되지 않을 것이다.

앞으로라도 '기록'과 관련된 논란은 계속 일어날지 모른다. 감히 청하건대 그 논란을 비켜가지 않았으면 한다. 이것저것 따지지 않고 법과 상식에 맞도록 일을 추진하기를 바란다.

그렇게 한발 한발 가다보면 맞기도 하고 쓰러지기도 하겠지만 "선한 끝은 있어도, 악한 끝은 없다"라는 나의 어머니의 말처럼 선함의 결과는 시간이 걸리더라도 반드시 주어지리라 생각한다.

내가 지금 쓰고 있는 이 글은 나의 지극히 개인적인 생각일 뿐, 다른 의견도 있을 것이다. 이 논란과 관련해 관할 기관의 공식적인 정리가 필요하다고 생각한다. 그래야 복잡한 실타래를 푸는 일에 하나라도 도움이 될 것이기 때문이다. '전 대법원장 PC의 디가우징 논란'과 관련하여 노회찬 의원의 마지막 말은 "진실은 디가우징할 수 없다"라고 했다. 우리의 진실이 디가우징 당하기 전에 주어진 자리에서 자신의 일을 정

성스럽게 수행해 나가길 기대한다. 그리고 나 또한 그러하기를 다짐해
본다.

06편

❖
❖
❖

권력자 편에 섰던 기록
이제 국민에게 돌려주자

기록관리와 정치적 중립성은 어울리지 않지만 어울리는 말이 되었다. 공공기관에서 일어나는 일들 대부분이 그러하겠지만 기록관리 역시 정치의 바람에 흔들려왔던 건 사실이다. '웃프'(좋으면서도 슬프다)게도 이번 문재인 정권의 출범으로 기록관리에도 많은 변화가 일어났다.

국가기록원 혁신방안보고서(2018. 02. 26./국가기록관리 혁신TF)에도 나타났듯이 지난 10년간 기록관리는 '제16대 대통령기록물 유출논란', '10·4 남북정상회담 대화록의 생산·관리·공개' 등의 일에서 정치적 중립성을 지키지 못했다. 그러나 개방형으로 국가기록원장을 공모해 기록전문가가 원장이 되어 그동안의 일을 반성도 하고 혁신과제를 수립하고, 언론을 통해 여러 가지 의지(수자원공사 4대 강 원본기록물 파기 조사 등)도 보여주고 있다.

이 신나고 좋은 일에 굳이 필자가 웃프다고 하는 건 지난 10년 동안 누적된 기록관리 업무의 훼손이나 암묵적인 무시를 활기차게 벗어나는 '호(好)'와 이것도 또 다른 정치 바람인가라는 '오(嗚)'가 교차하기 때문일 것이다.

그러나 지금 이러한 진취적인 생각과 행동을 취하는 국가기록관리 혁신에서 초래한 필자의 '웃픈' 생각들이 '하늘이 무너지고 땅이 꺼지면 몸 둘 곳이 없다고 걱정하며 침식을 전폐한' 중국 기나라 사람처럼 '기인우천(杞人憂天)'이 아닐까 하는 생각으로 조선시대 사관 민인생을 생각했다.

민인생. 태종 시대 사관으로 기록인이 지녀야 할 태도에 대한 교훈을 보여주는 대표적인 인물이다. 조선왕조실록에는 그와 관련된 기록이 총 25번 언급되며 그중 다음 이야기는 기록인이라는 제한된 울타리를 넘어서도 큰 울림을 준다.

편전에서 정사를 들었다. 사관이 들어오려 하므로 (박석명이) 말리면서 말하기를, "어제 (홍여강이) 섬돌아래 들어왔었는데 주상께서 말씀하시기를 '무일전 같은 곳이면 사관이 마땅히 좌우에 들어와야 하지마는 편전에는 들어오지 말라'고 하시었다" 하였다.

이 일찍이 전지(傳旨)가 없었으므로 마침내 뜰내로 들어왔다. 임금이 그를 보고 말하기를, "사관이 어찌 들어왔는가?" 하니, 대답하기를 "전일에 문하부에서 사관이 좌우에 입시하기를 청하여 윤허하시었습니다. 신이 그 때문에 들어왔습니다." 임금이 말하기를 "편전에는 들어오지 말라" 하니 (민인생이) 말하기를 "비록 편전이라 하더라도, 대신이 일을 아뢰는 것과 경연에서 강론하는 것을 신 등이 만일 들어오지 못한다면 어떻게 갖추어 기록하겠습니까?" 하였다.

임금이 웃으며 말하기를 "이곳은 내가 편안히 쉬는 곳이니, 들어오지 않는 것이 가하다" 하고 또 (인생)에게 말하기를, "사필은 곧게 써야 한다. 비록 대궐 밖에 있더라도 어찌 내 말을 듣지 못하겠는가?" 하니, (인생)이 대답하였다.

"신이 만일 곧게 쓰지 않는다면 위에 하늘이 있습니다."

세계 역사상 유례가 없는 조선왕조실록 500년을 탄생시킨 조선의 사관들, 우리는 제나라 사관이던 대사와 동생들의 기록정신(제나라 사관이던 대사는 최저가 그 군왕을 죽인 사실을 기록했다. 이에 앙심을 품은 최저가 대사를 살해하자, 그 동생이 나타나 형이 기록했던 사실 그대로 또 기록했다. 결국 형을 따라 비참하게 죽지만 또다른 대사의 동생이 최저가 군왕을 죽인 사실을 기록하니, 이에 최저도 어쩔 수 없이 두 손을 들고 만다)을 굳이 기억하지 않아도 되는 문화를 가진 유일무이한 기록의 나라다.

그러나 이 아름답고 흐뭇한 이야기의 결말은 어떻게 됐을까? 동화에 나오는 이야기처럼 '그들은 행복하게 살았을까?'

결국 민인생은 태종 1년 7월 11일, 문하부 낭사 상소에 의해 변방으로 귀양가게 된다.

삶을 살면서 우리는 수없는 직필과 곡필이라는 선택의 기로에 서게 된다. 기록연구사의 입장에서 말하면 어떤 기록을 생산해야 하는 경우, 단체장의 심기와 무관하게 기록생산의 의무를 말할 수 있는지, 동료들의 감정을 거슬러 가며 기록관리의 중요성을 말해도 되는지 등 크고 작은 선택의 순간들이 존재한다. 물론 모든 일에는 강·약이 존재하며 중용의 미덕을 살려야 하지만, 어떤 일이든 선택을 강요당할 때가 있다. 또한 그 선택이 개인의 '행불행'으로 삶을 귀착시키지는 않더라도 관련 있는 결과를 가져오기도 한다.

아마 지난 10년간 이 땅의 기록인들은 수많은 선택의 기로에 섰을 것이다. 크게는 전·현직 대통령들의 정치적 사건에서부터 작게는 기록관리의 현장에서 일어나는 내·외부 고객들을 대상으로 하는 소소한 일까지, 어느 하나 쉬운 것 없는 시간들이라 짐작한다.

그 속에서 우리는 간혹 가다 만난 민인생을 보며 환호했고 그의 절망에 고개 돌렸는지 모른다. 그러나 환호의 대가는 결국 외면이라, 홀로 결과의 책임을 오롯이 감당해야 했으며 우리 기록인과 대중은 침묵으로 곡필의 역사를 기록했는지 모른다. 10년이 흘러 직필을 약속하는 정권 앞에 거리낌 없이 지난 세월을 반성하며 개혁을 추진하는 이 사건들을 바라보면서 드는 이 복잡한 감정은 곡필에 침묵 혹은 무지로 동조한 나 스스로의 반성이며 개혁이기도 할 것이다.

직필을 위해 기록은 시민에게 돌아가야 한다. 시민에게 용납되어야 하고 시민을 위해 사용되어야 한다. 기록의 주인은 시민이다. 기록이 권력자의 편에서 무시든 훼손이든 용납이든 어떤 영향도 우리는 배제해야 할 것이다. 현대 기록관리 전통이 비록 짧다고 해도 나라의 압축적 성장 및 폐해 속에서 기록관리 역시 겪지 않으면 좋을 사건들을 많이 겪었고 또 그만큼 성장했다고 생각한다.

프랑스대혁명 후 국립보존기록관(프랑스 중앙정부 기록관리기관)을 설립하고 국가기록을 공공의 권리(국가기록 책임 및 공공기록 열람을 시민의 권리로 보장)로 발전시켰던 사실을 우리는 다시 한 번 살펴볼 필요가 있다.

또한 시민들 역시 기록관리에 대한 책임의식을 가져야 한다. 시민들은 스스로를 위하는 공공기관의 업무가 기록으로 남겨지고 있다는 결론적인 사실을 기억해야 하며 그 권리가 훼손되지 않도록 남겨져야 할 기록과 남겨진 기록에 대한 '관심'이라는 책임을 가져야 한다.

그래야 기록과 기록관리는 정치적 중립성을 지켜갈 수 있다.

조선시대 가장 무서운 군주 중 하나였던 태종 앞에서 기록과 그것의 관리에 대한 직언을 멈추지 않았던 민인생, 그가 그토록 바랐던 것은 향후 백성들에게 알려질 기록이라는 역사의 무게로 절대자가 스스로의 행동을 성찰하고 반성하여 나라의 근본을 바로 세우는 것이 아니었을 까?

무소불위의 폭군 연산군조차 "내가 두려운 것은 역사기록(史書)뿐이 다"라고 했다.

시민의 힘으로 기록과 기록관리는 어떠한 상황에서도 직필 앞에 설 수 있을 것이다.

부디 당신의 권리를 외면하지 말라!!!

07편

◆
◆
◆

작은것들도 기록할 권리, 아니 '의무'
무쏘의 뿔처럼 가라

요즘 들어 내 일상은 '쓰기'보다는 '읽기'에 치중해 오고 있다. 특별한 계기가 있어서라기보다는 어떤 음식이 먹고 싶을 때 그 음식이 주는 영양소를 몸이 필요하다고 보내는 신호니, 그 음식을 먹어야 한다고 했던 비과학적인 말처럼, 내 몸도 지식을 축적하기 보다는 소비하기 바빴던 내 생활에 따른 뇌가 보내는 신호라는 근거 없는 생각으로 '읽기'에 몰두했다. 그러나 이 읽기몰두시간에 읽은 책은 '기록(관리)'에 대한 전문기술서가 아닌 운명처럼 손에 잡힌 '다양성'에 대한 여러 가지 글들이었다.

그 중 인상적인 책은 김원영 작가의 '희망대신 욕망', 김희경 작가의 '이상한 정상가족' 그리고 예전에 읽었지만 다시 한번 복습한 '종자, 세계를 말하다'라는 책들이다. 희망대신 욕망이라는 책은 골형성부전증으로 태어나 사회가 장애인을 보는 시선과 비장애인에게 맞춰진 생활

환경에 대한 작가 개인적인 체험과 생각들이다. 작가는 장애인들을 헬렌켈러나 스티븐 호킹 같은 역경을 극복한 영웅적인 사람들을 기준으로 볼 것이 아니라, 일상을 보내는 필부필부(匹夫匹婦)처럼 장애인들도 살 수 있는 세상을 바랬다. 이 책 중에 이런 말이 있다. "장애인들은 여러분들이 아니라 국회에 있는 썩어빠진 정치인들이 장애인이다." 아마 나도, 독자분들도 한번쯤 들어봤던 말이었을 것이다. 그러나 이 말을 작가는 이렇게 바꿔서 설명하고 있다. "여성들이 무슨 문제냐, 여성들에게 폭력을 저지르는 저 남자놈들이나 여자같은 자들이다." 어떤 생각이 드는가? 익숙해져버린 장애인들에 대한 편견을 절실히 느끼게 해준 책이다.

이상한 정상가족이라는 책은 '사랑의 매'는 세상에 없다고 주장하는 글이다. 아이들에게 일어나는 폭력 중 가장 높은 비율이 가정에서 일어나는 학대이며 우리 사회는 이 관계에 대해 '천륜'이라는 틀 안에서 학대를 옹호하고 있다는 것이다. 또한 아이들을 '작은 사람'이라 생각하기 보다는 '부모의 소유물'이라는 인식이 강해 종종 그 결말은 미디어에서 보도되는 '일가족 동반자살'이라는 불행한 사건으로 끝나는 경우도 있다. 저자는 동반자살이라는 용어에 대해 '아이 살해 후, 자살'이라는 용어로 바뀌어야 한다고 말하며 인권보호를 위해 가정폭력에 대한 공권력 강화가 필요하다고 말한다. 그 외 부모와 아이들로 이루어진 가족만을 정상가족이 아니라 미혼모(부) 등 다양한 가족의 형태를 인정하고 지원해야 한다고 주장한다.

마지막 책은 종자, 세계를 말하다라는 책이다. 이 책은 농업의 산업화로 종자는 단일화되고 그에 따라 농민은 산업에 종속되어 선택할 기회를 박탈하고 종국엔 빚 때문에 자살하게 되는 문제를 말하고 있다. 종자주권은 피할 수 없는 과제이며 종자의 다양성은 필요성을 넘어 절박한 일이라고 말하고 있다.

여기까지 말한 세 가지 책들은 내용은 다르지만 다양성의 중요성과 세상에서 소외되기 쉬운 사실들에 대한 우리의 책임과 과제를 공통적으로 제시하고 있다. 나는 이 책들을 통해 나와 사회를 성찰해보는 기회를 가지게 되었다. 이 책들은 실존과 실증의 문제가 아닌 현실을 직시하는 책이다. 누구나에게 닥칠 수 있는 현실적인 일들, 반드시 알아야 할 내용들이 아닌가 생각해봤다. 내게도 그런 곤란이 있을 수 있으니 말이다.

기록의 힘을 말하는 지면에 뜬금없이 다양성에 대한 이야기를 하는 것은 이 책들에서 말한 내용들이 필자가 지속적으로 말해온 '기록(관리)'과의 유사성이 있기 때문이다. 세상에는 직업, 일, 형태, 사람 등 모든 것은 다양화하고 그 속에는 힘이 센 것, 약한 것 등으로 나뉘게 된다. 그러나 그 힘이 편향적으로 하나에만 몰릴 때 사회의 균형은 깨지고 그에 따른 여러 가지 문제는 발생한다. 때문에 나는 지금 우리 사회에서 일어나는 사건들, 예컨대 소수자들에 대한 의견표출은 그것의 옳고 그름을 떠나 바람직하다고 생각한다. 또한 그 작은 것(소수자들의 의견표출)들에는 장애인, 한부모, 미혼모, 성소수자, 농업 그리고 나의 업인 기록관리 업무도 포함된다고 생각한다.

그동안 기록관리 영역은 제 소리를 내지 못했다. 때문에 관리는 소홀해 질 수 밖에 없었고 몇몇에 의해 독점적으로 운영되어왔다. 시장은 좁았고 가치는 떨어졌다. 우리는 그동안 기록에 대해 세계기록유산 같은 큰 것들만 생각했지, 공공과 민간의 다양한 사건들에 대한 일반적인 내용의 기록들은 가치를 인정하지 않았기에 많은 사실과 사건들은 잊혀지고 사라졌다. 앞으로만 나아가길 원했던 '경제성장'이라는 힘의 편향성에 의한 희생양 중에 하나인 셈이다.

(경제의 지속적 성장은 여전히 우리에게 필요한 일이나)그러나 그것에 대한 반성이 조금씩 일어나면서 우리는 그동안 힘의 논리에서 밀렸지만 중요하다고 생각되는 것들을 다시 한번 살펴보기 시작했다. 사회적 가치, 다양성, 역사인식 등 사회신뢰의 기초를 이루는 것들에 관심을 가지고 그것들에 힘을 더하는 것이다. 그러나 힘없는 작은 것들이 제 소리를 내기 시작하면 불편은 동반될 수 밖에 없고 그것의 동력은 상실되곤 한다. 예컨대 장애인들이 이동권을 위해 농성을 하면 처음에는 이해하다가도 그것이 나의 불편(열차 지연 등)으로 다가오면, 사건의 정당성은 사라지고 시민의 피로도는 매우 빨리 상승하게 되는 것처럼 말이다.

기록관리도 틈새시장에서 회생을 갈구하는 중이다. 지방기록물관리기관이 두 곳이나 만들어지는 쾌거와 더불어 공공과 민간의 기록문화 확산은 지속적으로 이어지고 있다. 그러나 그 속에서 말은 많아지고 복잡해지고 누군가는 공격당하게 된다. 조그마한 소리를 내는 것조차 겪어보지 못했던 과거가 있으니, 조금은 이해는 되나 서글픈 것도 사실이다.

나는 그동안 여러 가지 일들을 겪었다. 덕분에 고민도 깊었지만, 상황을 성찰하는 기회도 가지게 되었다. 내가 가고자 하는 길이 맞는가?라는 목표에 대한 탐구와 나의 전문성은 드러내어 말할 수 있는가?라는 개인적인 성찰까지, 다행히 결론은 내고 이 글을 쓰고 있다.

얼마 전 창원 모 교회 목사님이 이단에 대해 설명한 적이있다. "왜 사람들은 이단에 현혹되는가?" 그 답은 종교가 생활이 되지 못하고 '한방에' 천국에 갈 수 있다는 사람들의 욕심 때문이라고 했다.

세상에 한방에 되는 건 없다. 그것은 교만이고 혹여나 됐다하더라도 기초가 부실할 수밖에 없다. 장애인의 인식개선, 종자주권의 필요성,

아이들의 행복과 다양한 정상가족, 그리고 기록하는 사람들과 그것을 관리하는 사람들의 신뢰구축과 중요성에 대한 공감 등은 건강한 사회를 위한 필수요소다. 목표가 정확하고 과정이 올바르면 무쏘의 뿔처럼 가면된다. 단, 한방에 되는 건 없으니 길은 계속될 것이고 발걸음 마다 바람과 천둥과 비와 햇볕이 따를 것이다. 그러나 그것의 극복 또한 과제 중 하나리라 생각한다.

마지막으로 2019년 광복절 경축식에 문재인 대통령이 했던 말을 빌어 이 글을 맺고자 한다.

"우리는 할 수 있다"

08편

◆
◆
◆

모든 회의는 기록되어야 한다

"국가 정책결정의 근간인 정부 부처의 주요 회의 중 절반가량은 회의록이 공개되지 않거나 아예 기록조차 되지 않는 것으로 나타났다. 또 나머지 주요 회의들도 대부분 정보공개 요구에 선별 대응, 사실상 회의록 공개를 꺼렸고 인터넷에 공개되는 일반회의는 8곳에 불과했다. 속기록 작성이 의무화된 12개 회의 역시 의견요지만 간단히 적는 편법이 동원되거나 아예 회의록 자체를 남기지 않고 있다."

이 보도는 지금으로부터 14년 전 세계일보 탐사기획 '기록이 없는 나라'(2004)의 내용 중 일부다.

지금 우리 기록관리는 14년 전의 보도 내용으로부터 얼마나 진보했을까?

주요회의는 기록되고 공개되고 있을까? 사전 공개인 인터넷 공개는 활성화되었을까? 주요회의는 법령이 의도한 대로 충실하게 작성되고 있을까? 나는 이 질문에 대한 답을 명확하게 할 수 없다. 단지, 지금부터라도 모든 회의는 온전히 기록·관리되어야 한다는 것을 말하고 싶다.

회의록이란 어떠한 안건을 주제로 참석자들이 서로의 생각이나 의견교환을 통해 결론을 도출하는 과정을 기록한 문서다. '공공기록물법'에 따르면 대통령, 국무총리가 참석하는 회의, 지방자치단체장, 교육감 등이 참석하는 회의 등은 주요회의로 그 과정에 대한 내용이 기록되어야 하는 생산의무기록이다. 법상 이 기준에 부합하는 회의는 명칭, 개최기관, 발언 요지, 결정 사항 및 표결 내용 등에 관한 사항이 포함된 회의록을 생산하도록 하고 있으며 영구기록물관리관의 장이 지정하는 회의는 회의록과 함께 속기록 또는 녹음기록 중 어느 하나를 생산하여야 한다.

현재 공공기록물법에 따른 회의록 작성의 기본은 '발언요지'로 발언자가 한 말의 요지를 적는 것이다. 법의 취지는 발언자 한 명, 한 명의 발언 요지인데, 실제로는 회의 전체 요지를 적어 회의 전말을 알 수 없다는 문제점과 혹여 발언자 개개인의 발언요지를 적는다고 해도 그 내용이 "이상 없음, 이견 없음"과 같은 간략한 말로 기록된다는 문제점이 있다.

1999년 공공기록물법이 제정되고 2000년 시행령이 시행될 당시 회의록 작성 항목은 회의명, 일시, '발언내용' 등이었다. 그러나 2000년 12월 12일 이 발언내용을 발언요지로 바꿨다. 이유는 업무의 능률성 저하가 가장 큰 이유였다고 한다. 그러나 발언요지로 작성된 회의록은 회의 전말을 알 수 없으며 발언자의 의도를 정확하게 파악할 수 없다. 또한 회의 참석자들 스스로 발언에 대한 책임성을 약화시키고 공공기관의 설명책임성을 저하시키는 문제점이 있다.

이런 문제를 보완하기 위해 같은 법에서는 영구기록물관리기관이 관할 공공기관의 주요회의 중 속기록 대상 회의를 지정할 수 있도록 하였다.

국가기록원은 2001년 속기록 대상 회의를 지정한 이후 6차례에 걸쳐 총 101개 회의를 지정했으며 없어진 회의(위원회 폐지)를 제외하고 현재 92개 주요회의를 공개(국가기록원 홈페이지)하고 속기록 의무 생산 회의로 지정·관리하고 있다. 그러나 이 숫자는 부처별 1~5개 위원회만 해당, 부처와 위원회 수에 비해 현격하게 적다고 판단된다. 또한 지방의 경우 그동안 국가기록원에서 회의 관련 수요조사를 했지만 지정된 회의는 아직 한 건도 없다.

왜 공공기관에서 수행하는 회의는 발언내용이나 속기록 등으로 작성하여 충실하게 남겨야 할까? 회의록은 어떤 특성이 있을까? 여러 가지 가치가 있지만 회의록은 "어떤 결과가 났는가?"가 아닌 "어떤 과정으로 이 결과가 도출되었는가?" 하는 과정에 대한 질문에 답이 가능하고, 모든 발언내용을 기록하기에 회의 전모를 알 수 있는 정확성이 있다. 또한 향후 이 기록을 통해 명확한 시시비비를 가릴 수 있는 증거력 등 내용으로서의 가치와 후대인들이 당해 공공기관을 가장 잘 이해할 수 있는 문서로서 역사적 가치를 가진다.

미국은 워터게이트 사건 이후 정부에 대한 환멸과 불신감이 높았을 때 포드 대통령이 '회의공개법'을 통과시켰다. 이 법안은 행정기관의 모든 회의를 공개하고, 비공개 회의의 경우 행정기관의 법률고문, 수석법무관의 공증을 받고 회의 내용을 녹음하거나 또는 발언내용을 남겨두도록 하는 것이 주요 내용이다.

또한 서울시의 경우 198개 위원회 모두를 기록하고 151개를 공개, 47개를 비공개하고 있다. 현재 서울시 정보소통광장에 회의록이 공개되고 있고 발언내용은 비공개 사항을 제외한 모든 내용이 적시되어 있다. 문화재청의 경우도 기관 웹사이트에 위원회 현황, 위원, 회의록을 기록·공개하고 있으며 국가기록관리위원회는 국가기록원 홈페이지에 발언내용을 모두 작성한 회의록을 공개하고 있다. 그 외 방송통신위원회는 '방송통신심의위원회 회의공개 등에 관한 규칙'에 의해 위원회 회의를 기록하여 해당 웹사이트에 회의록, 속기록 등을 여과 없이 공개하고 있고 '4·16세월호 참사 특별조사위원회' 웹사이트에도 위원회 회의록을 공개하고 있다.

회의록 작성과 공개는 행정의 의사결정에 관한 국민의 이해를 증진시키고 행정기관 구성원들로 하여금 더 향상된 참여를 통해 양질의 업무수행을 고무하고 의사결정에 대한 국민의 감시로 정부의 책임감을 증진시키고자 하는데 그 이유가 있다. 투명하지 않은 정부는 정책결정 과정에 대한 공중의 감독이 없기 때문에 부당한 영향을 갖고 부패하기 쉽다. 충실한 회의록 작성(공개)은 공공의 책임성과 투명성을 증진시키는 가장 효과적인 방안이다.

공공기록물법의 발언요지는 발언내용으로 바뀌어야 한다. 굳이 속기록을 지정하는 내용을 넣을 필요 없이 공공기관에서 수행하는 모든 회의는 발언내용(속기록 수준)을 기록하여야 한다.

어떤 회의든 중요하지 않은 회의는 없다. 예컨대 도시계획위원회, 기록물평가심의회 이 두 가지 위원회의 경중을 어떤 식으로 가릴 수 있을까? 위원회는 공공기관이 수행하는 각각의 기능에 대한 최종적인 결정·판단을 거치는 업무과정의 요약본이라 할 수 있다. 도시계획은 도시계획 업무를 위해, 기록물평가심의회는 기록물 존폐를 가리는 기록관리 업무의 가장 마지막 업무로 만일 더 중요한 것을 선택하라고 한다면, 우리 몸의 뼈, 심장 중 하나를 택하라는 것과 다를 바 없다. 특히 심의·의결하는 회의의 경우 그 결정의 영향력은 모든 시민들에게 미치며 의결이 잘못될 경우 그 피해도 시민들에게 결국 돌아가게 된다. '발언내용 작성'의 부정적 의견으로 가장 많이 인용되는 것이 소신 발언의 위축, 외부공표에 따른 이해관계자의 악용에 대한 문제, 정책적 혼선 등이다.

그러나 기록된다는 부담감으로 발언 하지 않는 것은 그 문제에 대한 스스로의 명확한 소신이 없는 것이며 기록하지 않는다고 소신 없이, 깊이 생각하지 않는 발언들이 남발된다면 그 책임은 누가 질 것이며 그 피해는 누가 감당할 것인가!

또한 회의를 기록한다고 해서 공개한다는 것은 아니다. 정보공개법에 의해 비공개 사유가 확실하다면 기록하더라도 비공개를 유지할 수 있기 때문에 외부공표에 따른 이해관계자의 악용, 정책적 혼선은 줄일 수 있기 때문이다.

미국의 회의공개법의 시발은 '정부에 대한 환멸과 불신감이 아주 높았던' 때였다고 한다.

지금 우리는 미국이 겪은 '환멸과 불신'의 시간을 지나 새 시대를 경험하고 있다.

온전한 회의록 작성과 적극적 공개는 정부에 대한 신뢰성을 회복하고 투명성을 보장하는 새 시대의 충실한 조력자가 될 것이다.

모든 회의는 지금부터 기록·관리되어야 한다.

09편

·
·
·

공유된, 축적된 기록, 보다 나은 내일
오늘은 기록한자 더 맛있는 빵을 만든다

2019년 봄, 창원 모 기업 역사에 관한 글을 사업주로부터 의뢰받아 쓰고 있는 분을 만난 적이 있다. 그분은 단기성 사업으로 기업 역사를 정리하기보다는 지속적으로 기업 기록을 관리하고, 관리된 기록으로 해당 기업의 역사를 계속 재정의하고 싶어 하셨다. 때문에 공개적으로 기록관련 글을 쓰고 있는 나를 소개받아 찾아오신 것이다. 그분은 내게 기록관리의 필요성 등을 물으셨고 나는 그분을 만나기 전 읽은 잡지에서 본 '빵'에 관한 이야기를 들려주었다.

요약하면 다음과 같다. "빵을 만드는 사람이 빵에 들어가는 재료, 연구방법, 제조 중의 시행착오과정 등에 대한 기록이 없으면, 오늘 내가 만든 새로운 제품의 빵을 10년 후에도 새로운 제품이라 소개하며 소비자들에게 팔 가능성이 높다. 10년 후, 더 나은 빵을 만들기 위해서는 오늘 나의 하루를 기록해 놓아야 한다. 그래야 어제보다 더 나은 빵이 개발될 수 있고, 그 빵으로 더 나은 새로운 빵이 만들어질 수 있다."

뜬금없이 빵 이야기를 그분께 한 이유는 모 연구원에서 열린 학술세미나에 참석하면서 느낀 생각 때문이다.

그동안 만들지 않았던 경남을 연구하는 센터를 출범시키고 관련 내용을 지속적으로 연구해야 한다는 내용의 세미나였다. 세미나에서는 여러 전문가들이 나와 그동안 경남학 관련 연구성과들의 문제점, 과제 등을 발표했고 향후 센터가 나아가야 하는 방향에 대해 조언을 아끼지 않았다.

그런데 나는 전문가분들의 발표를 들으면서도 내내 떠나지 않는 의문이 있었다. "그 수많은 시간 연구한 성과물은 어디 갔을까?" 그동안 우리 경남이 경남관련 센터는 만들지 않았지만 전문가들 각자의 환경에서 관련 연구를 했을 것이고 성과물도 있을 것인데, 그것들은 어디로 가고 또 새로운 것을 논의하자고 하는 것인가? 나의 짧은 생각일 수도 있으나 내게서 떠나지 않는 의문이었다.(물론 세미나 전반에 걸친 내용들은 제3자인 내가 정확하게 알 수는 없다.)

새로운 것을 시도하기 위해서는 그동안 시도해왔던 축적의 시간들에 대한 현황분석이 필수다. 단순 몇 건, 몇 번 했다는 식의 수치논리가 아닌 내용과 결과물 그리고 활용현황 등에 대한 분석이 필요하다는 것이다. 전문가들 각자가 연구한 결과물이 몇 년이 흘러 다시 재탕, 삼탕되지 않으려면 혹은 각각의 연구가 소통과정 없이 중복되지 않으려면 연구 결과물은 축적되고 공유되어야 한다. 그렇게 함으로써 어제보다 더 나은 내일의 연구가 나올 수 있을 것이라 감히 생각해보는 것이다.

이러한 이야기(새로운 것을 시도하는)는 다양한 곳에서 들을 수 있다. '여성 독립운동' 관련 내용도 그러한 것들 중의 하나다.

2019년 3·1운동 100주년을 맞아 전국적으로 기념행사가 많이 열렸다. 나 역시 그러한 내용에 편승(?)하고자 '여성의 독립운동과 기록'이라는 주제로 학술심포지엄을 개최하려 했다. 때문에 관련 전문가들을 인터뷰하고 만났는데 그중, 한 학자분이 이야기하기를 "여성 독립운동 관련 내용은 이미 오랜 시간에 걸쳐 많은 내용들이 발표되었다. 기록과 관련된 것들은 논외에 부치더라도 여성독립운동은 많은 곳에서 다양한 방법으로 같은 내용들이 반복되고 있다. 물론 우리 기관에서 해당 내용의 행사를 한다면 발표할 수 있지만 지난 내용의 반복, 이상은 아닐 것"이라는 말씀이었다.

물론 꼭 이것뿐만은 아니겠지만 여러 사정상 해당 심포지엄은 '부적합' 판정을 받았다. 나는 그때도 그러한 생각을 했던 것 같다. "그 많은 성과물은 어디에 가고 우리는 새로울 것 없는 이야기를 새롭다고 하고 있는가?"

우리는 늘 '혁신'을 이야기한다. 아이디어와 창의력을 매우 중요하게 여기기도 한다. 그러한 환경 속에 '새로운' 것은 늘 우대받았다.

그러나 문제는 새로운 것들을 시도한 경험, 시행착오에 따른 축적의 시간은 기록되지 않고, 기록되었다 하더라도 공유되지 않았다. 때문에 새로운 어떤 것들은 발표되지만, 몇 년이 지나 동일한 내용이 또 '새로운' 것으로 발표되고 있는 것이다.

나는 지금 "하늘 아래 새로운 것이 없다"는 무기력한(?) 이야기를 하고 있는 것은 아니며 혁신과 아이디어가 필요없다는 무용론을 말하는 것은 더더욱 아니다. '새로운' 것이라고 말하는 것에 대해 한 번쯤 다시 생각해 볼 때가 되지 않았는지에 대한 의문의 발현이며 기록을 관리하고 생각하는 사람이 현장에서 느낀 '축적(기록)의 부재'에 대한 안타까움일 것이다.

공공의 영역에서도 이러한 사례는 있다. 공공기록법에 의하면 기록물이란 '공공기관이 업무와 관련하여 생산하거나 접수한 문서·도서·대장·카드·도면·시청각물·전자문서 등 모든 형태의 기록정보자료와 행정박물'을 말한다. 공공기록물 성립에 대한 다양한 시각이 있지만(등록, 결재, 서명 등), 그 논의는 뒤로하고 공공기관에서 생산되는 수많은 문서 중에 관행적으로 보존되지 못하는 것들에 대해 다시 생각해봐야 할 것이다.

단적으로 '업무보고' 형식으로 진행되는, 등록하지 않고 개인 컴퓨터에 보존되어 관리되지 않는 것들이 그동안 축적, 관리되었다면 어떤 효과가 있었을까? 나 개인을 비추어 보면 그동안 등록하지 못해 남겨지지 못한 내용만큼 현재도 유용하게 사용되었을 것이고, 결재 중에 논의되지 못한 많은 내용들을 참작해 볼 수 있는 깊이 있는 자료가 되었을지 모른다. 또한 동영상, 사진 등 업무현장에서 생산은 되었으나 등록하지 않고 개인PC에 저장되어 있다가 자리이동으로 사라져버린 그 수많은 기록이 온전히 관리되었다면 시각적 기록이 중요해진 지금, 보다 풍부한 기록을 보유할 수 있었을 것이다.

축적의 시간과 그 시간 동안 산출되었던 수많은 기록, 기록되지 못했다면 단편의 기억으로 사라져버릴 안타까운 시간들, 지금도 일어나고 있을 것이다.

서두에 이야기했던 기업기록 역사책을 출간하시는 분과 함께 빵 이야기를 하면서 알게 된 사실이 있다. 이분은 전국적으로 유명한 대전 빵가게인 '성심당'의 책을 출간하신 분이었다. 빵의 역사에 대해 깊이 연구한 분 앞에서 빵 이야기를 했으니 민망하기 짝이 없었다.

그분과 헤어진 후 궁금증에 성심당 관련 내용을 검색해보니, 성심당은 오래전부터 가게 역사와 성심당에서 만들고 있는 제품 레시피를 공개, 출판해왔다. 제품 비법은 공개하지 않는 법인데, 성심당 경영이념

(모든 이가 다 좋게 여기는 일을 하도록 하십시오)에 따라 많은 사람에게 도움 되기 위해 책을 만들었다는 소개가 있다.

오래도록 성공하는 회사는 이유가 있다고 하는데, 성심당의 성공경영은 축적된 시간의 기록과 그것의 공유가 중요한 원인 중 하나가 아닐까 짐작해본다.

또한 필자가 서두에서 이야기한 '잡지에서 읽은 빵가게'는 창원시 마산합포구 창동에 있는 '고려당'이라는 곳이다. 가 본 적은 없지만 유서 깊은 가게이며 사장님의 인터뷰도 개인적으로 뜻깊었다.

나는 우리 지역의 빵가게, 고려당이 지역의 명물을 넘어 전국적으로 인정받기 원한다. 이와 더불어 고려당의 역사가 정리되고 현재의 일상도 지속적으로 축적, 기록되어 그 성공경험이 지역에서 공유, 확산되길 바래본다.

10편

◆
◆
◆

기록이 진실 하다는 것
Remember that you will die

아내를 잃은 한 남자가 있다.

강간을 당해 살해당한 아내를 구하려다 그도 머리를 다쳐 사건 이후, 단 10분간만 기억할 수 있다. 10분 후면 모든 것을 잊어버린다. 그의 기억은 사건 이전에 멈춰있다. 그의 이름은 레너드, 아내는 그를 레니라고 불렀다. 그는 자신의 아내를 살해한 사람을 추적하고자 긴 여정을 떠난다. 그리고 사건의 증표를 잊지 않으려고 종이에 기록하고, 만난 사람의 사진을 찍고, 중요한 단서는 몸에 새긴다. 영화는 중간 중간 새미를 떠올리는 그를(레너드) 보여준다. 새미는 보험 조사관이었던 레너드에게 아내와 함께 보험을 청구하러 온 사람으로 레너드와 동일하게 교통사고 이후 기억을 오래 하지 못하는 병을 앓았다. 그러나 레너드는 새미가 기억을 못 하는 것이 신체적인 것이 아니라 심리적인 것이라 생각해 보험금을 지급하지 않게 된다. 결국 새미의 아내는 레너드의 말에 의존해 사랑하는 남편(새미)의 기억을 떠올리게 하려 남편을 상대로 극단의 실험을 해보지만 그 실험으로 아내는 새미에 의해 죽게 된다.

출처: 영화 메멘토, 제작(주)엔케이컨텐츠
배급 ㈜디스테이션

이 이야기는 2000년에 나온 메멘토라는 영화 줄거리다.

또한 이 영화에서는 각자의 이익을 추구하는 사람들이 기억을 못 하는 남자 레너드의 기억을 조작하여 그 스스로 굴절된 기록의 증표로 살인을 하게 되는 이야기가 나온다. 레너드는 단편의 기억들 속에서 기록하고 그것을 확신한다. 그러곤 스스로는 새미와 달리 체계적으로 짧은 기억을 기록으로 관리한다고 자부한다. 그러나 영화 마지막은 레너드가 새미였다는 것을 알려준다. 고통스러운 기억을 (아내를 죽인) 지우고자 스스로 기억을 조작하고 진실을 알려주는 사람에게 "그의 거짓말을 믿지 마라"고 기록하여 어떤 진실의 순간에도 진실을 외면하는 사람. 스스로 작성한 기록 외에는 믿지 않지만 그것은 굴절된 기억이었고, 끝없이 증거를 남기지만 그 기록은 각자의 이익을 추구하는 사람들의 기록이었을 뿐이다.

기록은 역사를 증명한다고 말한다. 그 역사는 우리 기억 전체일 수 있고 아주 먼 옛날 기억되지는 않지만 여러 가지 경로로 기록이나 발굴 등을 통해 밝혀낸 사실일 수 있다. 인류 역사를 본다면 우리 인생도 레너드처럼 긴 역사에서 단 10분의 기억이며 그것으로 기록하고 역사를 만들어 내는지 모른다. 또한 영화에서처럼 각자의 이익을 가진 사람들의 이익 추구를 위해 기록을 조작하거나 스스로 합리화를 위해 기억을 굴절시켜 기록화하는지도 모른다.

이것은 나의 극단적인 창의적, 냉소적인 생각이며 역사 연구를 위해 평생을 바친 분들의 헌신을 한순간에 내던지는 불손한 상상력일 수 있다. 나는 나의 극단적 상상을 비판하며 인류의 역사를 신뢰하고 싶다.

이 영화를 보면서 지난 130년 간 작게는 경남도청에서, 크게는 경남에서 일어난 사건을 정리해 보면 어떨지에 대한 생각을 했다. 우리가 알아야 하는 것, 반성해야 하는 사건(사고), 자랑스러워야 할 일들은 무엇이며 앞으로 우리는 무엇을 향해 가야 하는지, 보다 근본적인 역사 기준을 세우기를 바란다.

레너드처럼 스스로를 위해 굴절시킨 기억으로 만든 기록이 아닌, 현시대를 살아가는 사람들의

경남도청 이전과 관련된 내용을 소개한 책(경상남도기록원)

합의된 내용으로 만들어낸 경남의 역사가 있으면 했다. 80년대 경남지역에서 성장해 2020년 현재 기록연구사라는 직업을 가진 나조차 경남 역사에 대해서는 잘 모르고 있으니 말이다.

내가 존경하는 사람은 한글을 창제한 세종대왕, 그 글로 삶의 다양성을 가르쳐준 박경리 선생님 그리고 글로써 고난을 이겨 나라를 구한 이순신 장군이다. 이들은 어릴 때부터 역사책이나 문학책에 나온 대한민국의 역사적인 인물이다. 아쉬운 점은 내가 어릴 때부터 경남의 역사적인 인물이나 사건들을 알았더라면 지역에 더 애정을 가지고 지역

을 더 사랑하지 않았을까 하는 것이다. 물론 내가 그것을 탐구하고자 했더라면 알 수 있었을 것이니, 나의 게으름으로 탓할 수도 있다.

그러나 주어진 대로 학습한 지난 세월과 지금 무엇인가를 학습하는 내 아이들을 본다면 경남의 체계화된 역사서가 하나쯤 있었으면 하는 바람이 있다. 한국사 교과서의 논쟁은 접어두고 지역마다 편찬된 고유의 지역사가 하나쯤 있어, 어릴 때부터 지역을 알고 비판하고 자부심을 가지며 생각할 수 있는 그런 매개체가 필요하다고 생각한다.

물론 이것을 만드는 과정은 많은 예산이 필요하며 무엇보다 '공정한' 자세가 요구될 것이다. 오욕의 사건도 환희의 일들도 다 우리 역사니 말이다.

체계화된 기록 등의 정리로 과거 우리 지역에서 무슨 일이 일어났으며 무엇을 했고, 무엇을 잘못하고, 잘했는지를 탐구해 우리가 기억해야 할 것, 반성해야 할 것, 그리고 걸어가야 할 미래를 상상해 보는 것이다.

영화 〈메멘토〉에서 주인공, 레너드가 짧은 순간이지만 10분 동안 진실을 알고 그것을 기록했다면 영화는 어떻게 전개되었을까? 10분, 짧다면 짧고 길다면 긴 시간이다. '인지-수용-기록'까지의 의식 흐름은 10분이면 충분했을지 모른다. 그러나 10분이든 1년, 10년이든 '수용'이라는 판단의 과정을 거치지 못하면 평생 진실은 기록하지 못한다.

문학적으로만 영화를 본다면 사랑하는 아내를 죽인 사람이 바로 '나'라는 것을 받아들이지 못하는 것은 당연한 건지 모른다. 그러나 이것이 현실이라면 내가 죽인 것이 아니라 '너'가 죽였다는 사실로 사람들이 죽었고 앞으로도 많은 사람이 죽을 수 있다는 위험이 있다.

만약 영화에서 한 사람이 아니라 많은 사람이 그의 오류를 지적하고 고통스러운 현실을 알려줬더라면 어땠을까? 주인공이 받아들이지 않더라도 상황은 정상화되었을 것이다. 각자의 이익을 위해 주인공을 이용하는 행동은 하지 않았을 것이며 무고한 사람들은 죽지 않았을 것이다.

올바른 판단의 기록은 생각을 정리하게 하며 과거를 돌아보아 미래를 준비하게 한다. 사회적인 합의를 바탕으로 누구의 이익도 고려되지 않는 충실한 경남사가 공식적으로 만들어지길 바란다. 이를 통해 과거에 있었던 경남의 위기(경제, 정치, 문화 등)를 어떻게 극복했는지 반면교사 삼아 현재의 위기를 더 지혜롭게 헤치고 나아가리라 생각한다. 또한 진실에 근접한 합의된 경남사 편찬 작업은 내가 살았던 그리고 살고 있는 이 공간과 지역민을 자부하게 만들 것이며 지역을 사랑하게 하는 결과를 가져올 것이다.

메멘토(Memento)의 어원은 라틴어 'Memento mori'다. 옛날 로마 공화정 시대, 승전 기념행사 때 장군들이 거만해지는 것을 방지하고자 로마황제들이 이 문장을 상기시켰다고 한다. 'Remember that you will die', 당신은 언젠가 죽을 것이라는 것을 기억하라.

기억하자, 우리는 언젠가 죽을 것이다. 그러나 기록된 역사는 영원할 것이다.

11편

'떠든 아이' 효과를 아시나요

"기록관리와 품격은 대중에게 공감받기 어려울 듯" 내가 올해 들었던 가장 당황스러운 말 중 하나다.

그동안 나는 기록관리는 품격을 갖추어야 한다는 생각을 자주 해왔기 때문이다. 품격이란 무엇일까? 사전적 정의에 의하면 "사물 따위에서 느껴지는 가치나 위엄"이라 적시하고 있다. 때문에 사람들은 품격이라는 단어를 많은 곳에서 드러낸다. 노년의 품격, 신사의 품격, 말의 품격 심지어 줄서기의 품격까지 다양한 형태의 것들과 결합해 그것들이 지향해야 할 최종목표점을 드러내곤 한다. 그렇다면 기록관리에서 '품격'이란 어떤 의미와 목표점을 가질까? 나는 그 해답을 오향녕 선생님이 쓰신 "기록한다는 것–떠든아이 효과를 아시나요?–"에서 알 수 있었다.

선생님의 책을 요약하자면 "보통 학교 칠판 한구석에 '떠든 아이'라고 쓰고 그 아래 이름을 적는 전통이 있다. 예전부터 그러했고 지금도 여전히 반장으로 보이는 누군가가 이름을 적고 있었다. '떠든아이 OOO', 돌이켜 보면 '떠든 아이'에 이름이 적혔다고 선생님이 벌을 주거나 하지는 않는다. 그저 선생님이 오실 때까지 이름을 지워주지 않는 반장을 다음 학기에는 뽑아주지 않을거라는 다짐을 한다. 외국에도 그럴까? 중국, 미국 영화를 유심히 살펴봐도 그런 내용은 발견하지 못했다. 교실이라는 공동체의 평화를 그저 칠판 하나에 이름 하나 적는 것으로 유지할 수 있던 것을 우리는 배우지 않아도 어린 나이부터 아주 자연스럽게 '말과 글로 질서를 유지하는 품격 있는 정치'를 하고 있었다는 것이다. 이 현상을 '떠든아이 효과'라고 설명한다. 우리들은 이 효과를 어디에서 배웠을까? 잘했든 잘못했든 자신의 행동, 길게는 인생이 어디엔가 기록되어 남는다는 사실만으로도 함부로 행동하지 않는다는 것이다…(중략)"

저자가 말한 '떠든아이 효과'는 조선왕조실록에서도 찾아볼 수 있다. 태종실록 권7 4년2월8일 기록에 의하면 "왕이 친히 활과 화살을 가지고 말을 달려 노루를 쏘며 사냥을 했다. 그러다가 말이 거꾸러져서 왕이 말에서 떨어졌으나 다치지는 않았다. 좌우 사람들을 돌아보며 말하기를. '사관이 알게 하지 말라.' 하였다." 무소불위의 왕 태종은 자신의 행위가 기록됨으로써 후대 사람들이 느낄 감정을 두려워 한 것이었다. 이는 기록의 가치를 두려워하며 품격을 중시하며 살아가는 왕들의 행동을 단적으로 보여주는 예일 것이다.

나는 두 이야기들을 통해 기록관리가 품격을 가져야하는 이유를 추상적으로 느끼다가 구체적으로 알게 되었다. 기록되어 남는다는 것에 두려움을 느끼는 것, 이는 품격을 가진 사람들만이 할 수 있는 일일 것이다. 또한 품격있는 기록관리만이 줄 수 있는 양심의 제어책 일 것이다. 기록관리가 품격을 가지지 못하고 중요성 또한 인정받지 못한다면 기록된다는 것의 두려움을 가진 사람들이 있는 '양심 있는 사회'는 만들어지지 못할 것이다.

기록관리는 품격을 동반해야 한다. 품격이 동반되어야만 기록의 가치가 더욱더 드러나는 것이다. 기록의 가치가 드러날수록 사회는 물리적 제어보다는 양심의 제어로 유지될 수 있다. 그저 이름 하나 적는 것만으로 교실 공동체의 평화가 유지되었던 어린 날의 기억이 지금도 여전히 우리 사회에서 기능하고 있다고 생각한다.

그렇다면 기록관리가 품격을 갖추려면 어떻게 해야 할까?

"우리는 국가기록을 투명하고 철저하게 관리하고 후대에 전승함으로써 책임사회 구현을 지향한다. 또한 지속적인 기록관리 혁신으로 중립성, 전문성을 확보하고 국민이 신뢰하는 기록관리 체계를 구축해 나갈 것이다. 이를 통해 궁극적으로 국민이 기록의 가치를 체감하고 공감하는 품격 높은 기록문화를 실현하고자 한다."

올해 국가기록관리 중장기 발전전략 수립에 나온 "국민이 신뢰하고 공감하는 품격 있는 국가기록관리 실현"의 비전 설명문 초안이다. 물론 이 비전과 설명문은 다수의 지지를 받지 못해 사장될 것이다.

내용을 보면 기록관리의 품격은 기록의 철저한 관리와 기록관리의 혁신, 중립성, 전문성 확보에 그 답이 있다. 이를 통해 국민이 신뢰하는 기록관리 체계가 구축되면 국민의 공감을 받는 품격 높은 기록문화가 실현될 것으로 분석했다.

이것은 왜 다수의 지지를 받지 못했을까?

2019년, 경남 모 일간지에서 "2020년 경남기록물 관리 원년으로"라는 주제로 기록관리 관련 기획보도를 했다. 내용은 경남지역 기록관리 실태를 분석하고 기록관리를 함으로써 누리게 되는 효과와 하지 않음으로써 발생하는 문제점 분석이다. 마지막으로 앞으로 기록관리가 나아가야할 방향을 제시하며 마무리 했다. 기사는 객관성이 담보되어야 되기 때문에 기록물 보존현황, 기록연구사 수, 면적대비 기록물 양 등 기록관리 현황에 대한 여러 가지 수치가 나열되었었다.

나는 이 기사에 보태고 싶은 것이 있다. 수치를 뛰어넘은 현실이 그것이다.

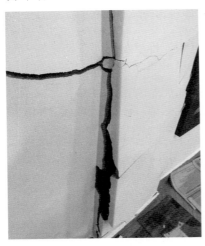
모 기록관 수해로 벽이 균열된 모습

수해로 전기가 나가 핸드폰 불빛을 이용해 걸어다녀야 하는 기록관 서고

기초지자체 기록관을 방문하면 몇몇 시군 서고는 문을 열자마자 곧 닫아야 할 정도로 음습하고 탁한 공간에 위치해있다. 또한 지하 중에서도 가장 열악한 곳에 서고가 위치해 있는 것이 대부분이다. 부지런하고 열정적인 몇 연구사는 기록물 보존 공간 마련을 위해 뛰어다녀 그나마 공간을 확보하지만 그 공간조차 지하에 위치한 것이 일반적이다. 지하라고 다 나쁜 것은 아니지만 쓰지 않는 온갖 물품이 나뒹굴며 미로찾기처럼 구석구석 남은 공간에 쌓여있는 기록을 보면 그 심정은 참담할 지경이다. 물론 현재 청사 공간이 사람을 수용하기에도 벅찬 상황이라는 것을 알고 있지만 기록을 보존하는 서고

는 아주 오랜 시간동안, 사람을 수용할 수 있는 충분한 공간이 있던 시절에도 가장 열악한 상황이었다.

또한 공공기록물법 개정으로 시작된 기록연구사 정원도 당해 법, 최소 배치 기준이 적용되어 단 1명의 정원으로 현재까지 이어지고 있다. 이 역시 공무원 정원의 축소정책이든, 확장정책이든 관계없이 기록연구사 정원은 늘 동일했다. 이는 기록연구사가 수행하는 일을 이해하지 못한 기관의 이해부족으로 그들에게 문서배부, 우편업무 등을 시키며 전문성을 사장시킨 기관과 더불어 '전문성'을 살리지 못하고 기록관리 업무를 설명하기에 부족했던 우리 스스로의 문제도 있을 것이다.

서두에서 말한 기록관리와 품격이 대중에게 공감을 얻기 힘들다는 것, 품격있는 기록관리 구현이 국가기록관리 비전에서 다수의 지지를 받지 못한 것이 아마 이 현실을 반영한 것이라 보이며 이는 결국 전문성을 살리지 못한 우리 스스로의 현실을 대변한 것이 아닌가 생각한다.

품격있는 기록관리는 품격있는 전문가들로부터 시작된다. 품격있는 전문가가 되기 위해서는 기록관리의 최소 기준이 보장되어야 한다. 600년 전, 생의 모든 것을 걸고 사초를 작성·관리하여 사관제도를 정착시킨 초대 사관처럼 기록전문직에게 무한한 열정, 인내와 헌신만 요구할 수 없다.

기록관리가 품격을 갖추기 위해서는 무엇이 필요할까? 기록의 보존환경이 사람이 지낼 수 있는 환경만큼 되어야 하고 기록연구사들이 기록관리 업무에 헌신할 수 있도록 기관에서 지원하여야 한다. 또한 기록물 보존량에 따라 기록전문직의 충원도 필요하다. 이러한 기본환경에 조성이 되었을 때 기록전문직의 열정, 품격을 요구할 수 있을 것이다. 물론 그러한 상황이 되지 않았다고 품격과 열정이 필요 없다는 것은 아니다. 늘 견지한 품격과 열정이 제 힘을 발휘하기 위해서는 관련

제도 개선과 인식이 필요하다는 것이다.

기록된다는 것의 두려움을 넘어 자부심을 가진 사람들이 하나 둘 늘어 날 때에 우리 사회는 보다 더 품격있는 공동체가 될 것이다. 기록은 품격을 가져야 하고 그 품격은 온전한 공동체를 유지하는 한 부분이 될 것이며 또한 온전한 공동체를 유지하는 저변에 기록전문직의 헌신이 있을 것이다.

그들에게 기회를 주어보라! 꽤 괜찮은 혹은 기대하지도 못한 혁신과 변화가 있을 것이다.

끝으로 2019년 기획기사에서 드러난 여러 현실이 그저 흘러가는 풍문이 되지 않기를 바라며 품격있는 기록관리로 2020년 경남 기록관리의 '진정한' 원년이 되기를 기대해본다.

02장
기록과 사람

01편

· · ·

기록대통령이 뿌린 씨앗, 제대로 열매 맺는 시대로

"가장 효율적인 투자가 기록에 대한 투자다. 기록에 투자하면 미래 우리 아이들에게 큰 번영과 기회를 남겨주는 것이다. 우리가 기록문화에 대해서 관심을 가지고 국가적으로 투자를 하도록 우리 시민들이 모두 함께 독려하여 우리 한국이 그야말로 기록문화의 강국, 기록문화 선진국이 되도록 함께 힘써주시면 고맙겠습니다." 2008년 2월 대한민국기록문화의 혁신 다큐멘터리에서 노무현 전 대통령이 한 말이다.

기록관리를 공부하는 사람이나 그 업무를 수행하는 사람들에게 '노무현'은 이상향이다. 누군가는 그 이상향을 함께 누렸고 누군가는 그곳에 한 번 더 가기 위해 노력하고 있지만 지금 누군가는 다시는 올 수 없는 일이라 잊자고 하기도 한다. 기록을 가장 잘 이해하고 그것의 관리에 대해서 전문가보다 더 전문성을 가졌던 기록대통령, 그는 역대 어느 정부보다 많은 기록을 남겼고 이지원 시스템 등 그것의 관리를 위해 헌신했다. 그러나 그 때문에 고초를 당하기도 했다.

10년 전, 참여정부시대의 기록관리혁신은 어떤 내용이었을까? 대통령의 지원을 전폭 받으며 기록관리 전문가들과 전문가가 되기를 희망한 학생들의 희망이 되었던 시대. 나는 그 시대를 돌아보며 다시 일어나는 지금의 기록관리 '혁신'을 고찰해보고자 한다. 이를 통해 '다시 노무현'도 '다시 혁신'도 아닌 최소한의 도덕인 '공공기록법'이 기록전문가들에 의해서 최대한의 빛을 발하기를 희망한다.

(2005년 정부혁신지방분권위원회 '참여정부의 기록관리혁신' 보고서 중)

첫째, 기록을 부실하게 관리해도 업무수행이나 승진과는 관계가 없고 기록관리를 잘해도 제대로 평가받지 못하는 행정관행이 국가기록관리를 저해했다. 오히려 기록을 잘 생산하고 제대로 관리하는 것이 부담이 된다고 생각하여 과소 생산하거나 무단 폐기하는 사례 등 공공분야의 취약한 기록문화가 만연했다.

또한 법은 있지만 제대로 시행되지 못했고 시행여부의 감독조차 소홀했었다. 공공기록물법은 효과적이고 강제적인 표준과 지침이 필요하나 그것이 있다고 해도 제대로 집행하지 못했다. 기록물관리기관이 갖는 전문적·중립적 권위의 부족, 기록관리의 두 번째 문제점이었다.

세 번째는 국가기록관리 원칙과 전문성 부족이다. 소장기록물의 지적·물리적 통제불가 등의 원칙 부족, 전문직의 미배치 및 전문가 집단이 하위직으로 있는 위계질서 구조 안에서 전문적인 견해는 일축되고 책임 있는 의견 제시는 꺼리게 되며 침묵이나 야합으로 기록관리는 운영되었다.

네 번째는 굿 거버넌스를 구현하는 실질적인 수단인 정보공개의 공개 및 비공개기준을 적용하는 합리적 시스템 결여다. 또한 영구기록관리기관의 역사기록 열람에 적용하기 부적절한 정보공개법의 비공개 기준을 적용하는 것도 문제였다. 마지막으로 업무기능 분석과 각 업무기능에서 생산되는 기록의 연동이 필요하지만 그러하지 못했고 전자기록의 진본성, 안전성, 장기적보존과 활용을 기술적으로 보장하기 어려운 기록관리시스템의 기능은 제한적이었다.

때문에 기록관리 혁신은 다음과 같은 아젠다를 수립하였다. 업무과정에서 생산된 모든 기록의 철저한 기록화, 국제표준에 근거한 기록관리 절차와 시스템 정비, 비공개정보를 최소화하는 정보공개의 확대와 비밀남발을 방지하고 일정기간 경과 후 비밀을 해제하는 비밀관리의 체계화다. 또한 글로벌 스탠다드에 부합하는 국가표준의 제정, 공공기록 편찬 및 서비스 확대, 기록물관리법, 정보공개법 등 관련법령 정비, 전문인력 확보 및 능력개발, 기록관설치 및 시민 전문가가 참여하는 거버넌스 조직 실현과 기록관리 인프라 구축이다.

공공기록관리 혁신은 행정의 투명성과 책임성을 보장하고 국민에게 정부가 수행하는 일을 충분히 공개하여 국민의 감시와 지지를 촉진하고, 중요한 국정기록을 역사기록으로 남기도록 하라는 대통령의 지시에 따라 시작되었다. 참여정부의 기록관리혁신은 공공기록의 자원화에 대한 의식부재와 행정기관의 임의적 비공개로 정부에 대한 신뢰와 행정의 투명성 및 신뢰도가 저하된 과거 관행을 불식하고 국가기록관리 혁신체계의 기틀을 마련했다는 점에서 큰 의미가 있다. 로드맵의 향후 과제는 실천이다. 이 실천을 위해서는 각 부처 및 기관의 적극적인 집행의지가 중요한 관건이다. 또한 지속적인 혁신관리가 필요하며 점검과 평가에 따른 검토도 필요하다.

기존의 기록관리 병폐에 대한 전문가들의 지속적인 문제제기와 대통령의 의지로 시작된 2005년 기록관리혁신은 많은 성과물을 도출했다. 개인적으로 말하면 이때 만들어진 법으로 나는 '기록연구사'라는 직업을 갖게 되었다. 또한 나 외에 기록연구사라는 직업을 가진 전문가들이 각자의 자리에서 기록업무를 수행하고 있다. 단 그 업무 수행이 기록의 내용보다는 법적절차를 이행하기 위한 도구로 활용되었다는 반성은 계속되고 있다. 짧은 연구경험과 일천한 행정경험으로 '전문가'라는 정의만 주어진 사람들이 할 수 있는 일이 얼마만큼 있었겠냐는 위로도 이제는 핑계일 수 있다. 숙련의 시간이 우리에게 주어졌기 때문이다.

지금 다시 혁신이라는 이름으로 기록관리 업무가 탄력을 받고 있다. 지금은 그때와 달리 내용은 세분화되었고 전문화되었다. 또한 그때보다 많은 전문가들이 각각의 문제해결을 위해 머리를 맞대고 있고 현장의 이야기도 혁신의 내용에 반영되고 있다.

그러나 앞에서 말한 2005년의 기록관리의 문제점, 어젠다, 성과와 전망을 지금 상황과 대입해본다면 우리는 확실히 나은 무언가를 찾을 수 있을까? 물론 조금씩 노력한 결과물들을 합한다면 '그럼에도' 전문가들의 헌신, 내부 고객들인 공무원들의 기록관리 인식의 전환, 외부 고객인 시민들의 기록과 공개에 대한 의식 성숙으로 그때보다는 나을 것이다.

그러나 "법은 있지만 제대로 시행되지 못했고 시행여부의 감독조차 소홀했고, 업무기능 분석과 각 업무기능에서 생산되는 기록관리 연동이 필요하다. 또한 전문가 집단이 하위직으로 있는 위계질서 구조 안에서 전문적인 견해는 일축되고 책임 있는 의견제시는 꺼리게 되었다"라는 2005년의 이 문제 제기가 낯설지 않게 생각될까? 물론 모든 문

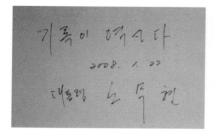

제해결의 처음은 스스로에게서 시작해야 한다. 그러나 무딘 칼로 나무를 자르고 있지는 않은지, 기록으로 가해졌던 기록대통령에 대한 탄압으로 기록전문가들이 위축되지는 않았는지, 지난한 세월의 '자기검열'로부터 스스로를 구원하지 않았는지에 대한 점검도 필요할 것이다.

지난 2018년 12월 6일 경상남도기록원에서 기록관리 심포지엄을 열었다. 참석한 김경수 도지사는 행사 전 기록원 내, 기록의 나무에 '기록이 역사다'라는 말을 남겼다. 이는 2008년 노무현대통령이 서울(나라)기록관 개관 때 써 보낸 문구인 '기록은 역사다'라는 말과 동일했다. 한 사람으로 시작된 기록관리 혁신, 사람과 함께 잊혀졌지만, 그가 뿌린 씨앗은 열매를 맺고 다시 자라나고 있다. 그 속에는 '노무현' '김경수'를 뛰어넘은 또 다른 역사를 쓸 그들이 있을 것이다.

02편

◆
◆
◆

MB의 기록

기록의 탄생에는 다음과 같은 네 가지가 전제되어야 한다. 기록이 위조되거나 훼손되지 않는 원래 그대로의 것을 의미하는 '진본성', 망실·훼손·손상·변조 등에 의하여 기록이 변경되지 않고 완전한 상태를 유지하는 '무결성', 기록의 내용이 입증하고 있는 것이 업무처리나 활동 혹은 사실을 완전하고 정확하게 표현하고 있는 '신뢰성', 기록의 위치를 찾을 수 있고 검색할 수 있고 해석할 수 있는 '이용가능성'이 요구된다.

결국 기록은 순수하고 진실하게 만들어지고 관리되어야 한다는 것, 이것이 기록을 관리하는 우리가 추구하는 원칙이며 기록관리 업무의 목적이기도 하다. 그러나 순수하게 탄생한 기록이 기록관(전문관리기관)으로 이관되지 않는다면 어떻게 될까?

2018년이 시작한 그해, 다음과 같은 기사가 나왔다. "검찰의 압수수

색 과정에서 전직 대통령인 MB의 임기 중 생산한 기록이 영포빌딩 지하 2층에서 나왔다"라는 내용의 언론 보도다. 사건 후 MB 측은 검찰 압수물 중 대통령기록물이 포함돼 있으니 대통령기록관으로 이관해달라고 공문을 보냈다고 한다. 나는 그분과 관련된 많은 논란거리는 접어두고 퇴임한 지 5년이 넘은 전직 공무원의 사무실에 재직 시 생산한 원본 기록을 보존하고 있다는 것에 대해 유감을 가지지 않을 수 없다. 이런 이야기들은 굳이 그분까지 가지 않아도 아주 오래전 공무원 중 일부는 자신의 업적을 이유로 재직 시 생산한 기록 일부를 가져갔다는 이야기를 풍월로 들은 적은 있다.

본론으로 들어가 방향을 전환하여 대통령 기록은 '대통령기록관리법'에 의해 규정되어 관리한다고 하면, 중앙부처, 시·도지사, 시장, 군수 등 기관장 기록은 관리, 이관되고 있을까?라는 물음이 생긴다.

물론 모든 기록이 전자적으로 생산, 관리된다면 문제는 쉽게 해결될 것이다. 그러나 문제는 비전자기록인 종이나 사진 등으로 생산한 기록의 관리다. 이런 종류의 기록들이 시스템에 등록되어 있다면 문제는 덜하지만, 등록도 되어 있지 않는다면 기록관에서는 이를 포착할 수 없고 생산자의(이관의) 의지만 바랄 수밖에 없는 상황이 된다. 기록을 생산한 자가 원치 않는다면 이관도, 관리도 할 수도 없다.

현재 공무원들의 의식상 이런 일은 흔하지 않다. 대다수 공무원은 기록의 등록, 이관, 관리라는 법적 흐름을 자연스럽게 받아들이고 있기 때문이다. 그러나 그 틈새를 항상 주지해야 하는 것 또한 우리 몫이기도 하다.

공공기록물법 시행령 제19조, 제21조 등 규정에 따라 지방자치단체장이 참석하는 회의, 지방자치단체장의 업무관련 활동과 인물사진, 지방자치단체장 등 주요직위자의 업무관련 메모, 일정표, 방문객 명단과 대화록 등은 공공기록물법에 의한 등록, 관리대상이다. 더하여 같은법에 의하면 주요 직위에 있던 사람이 업무수행에 사용하였던 사무집기류도 이관대상으로 보고 있다.

그렇다면 현실은 어떨까? 이 모든 기록이 체계적으로 이관, 보존되고 있을까? 내가 아는 선에서만 말한다면 그렇지 않을 것이다. 기록연구사들의 역량, 행정문화 등에 따라 다르겠지만 대다수 기관은 이런 기록들에 접근하기도 어려울 것이다. 행정의 가장 하부(근간)에서 활동하는 기록관리 업무가 이 법을 실현하는 힘을 가진다는 것은 녹록지 않기 때문이다.

더 나아가 방문객 명단, 대화록 등은 생산되지 않지만 생산되어야 한다는 사실조차 모르는 경우가 대다수를 차지한다. 이 문제에 대해선 기록연구사인 나부터 반성해야 하지만 우리의 행정문화가 이런 기록의 발생을 가져올 만큼 진보되지 않거나 법의 지향점이 현재의 행정환경과 맞지 않다는 사실도 있을 것이다. 방문객 명단과 대화록 작성만 두고 보더라도 이를 기록하기 위해 직원이 항시 배석해야 하는 문제가 있고 또한 그것을 용인해 주는 행정환경이 뒷받침되어야 한다. 이런 문화가 조성된다면 밀실행정은 생각할 수도 없는 일이 될 것이며 청탁의 원천적 불가원칙은 불문율이 될 것이다.

경상남도기록원 개원식(2018. 5.) 행사 중 하나가 기관장기록물을 기증하는 행사였다. 대상은 기관장(권한대행 포함)들이 업무 중 사용하였던 사무용품, 방명록, 대화록, 메모, 명패, (시구)유니폼, (업무와 관련한) 개인 애장품 등등 종류는 여러 가지 일 것이다. 기증식의 취지는 기관장 기록물이 법적 이관대상임을 많은 사람이 알 수 있도록 하는 것, 기관장이 개인의 업무관련 기록을 기증하고 이관절차를 스스로 시행해봄으로써 자신의 업무가 후세에 남는다는 사실을 인지하는 것, 즉 문자로만 존재한 공공기록물법의 해당 문구를 활성화 시키는 것이었다.

선조 때 학자 신흠이 지은 〈상촌휘언〉에는 임진왜란 당시 사관이 사초를 불태우고 도망갔기 때문에 선조가 즉위한 후 임진왜란이 일어나기까지 25년간 사적을 알 수 없게 되었다고 소개하고 있다. 선조실록의 내용 중 임진왜란 전의 내용이 소략할 수밖에 없었던 방증이기도 하다.

사관들이 했던 행동의 동기와 이유에 대해서는 여러 설이 있지만 우선 기록이 없다는 것, 역사가 없다는 것은 '과거를 배움으로 교훈하고 미래를 대비하는' 행위 자체를 할 수 없다는 말이 된다.

임진왜란 전, 조정의 상황이 어떠했는지, 왜 그 전쟁이 일어났는지, 앞으로 그와 같은 유사한 사건이 일어나지 않도록 우리는 무슨 일을 해야 하는지, 교훈하기 어렵다는 것이다. 물론 징비록이나 다른 역사서들로 이와 같은 교훈과 반성의 간극을 메우고 있긴 하지만 기준 기록의 부재는 아쉽기만 하다.

기록을 남기는 행위는 생산에서 끝이 나는 것이 아니라 그것 자체가 기록관리의 시작이다. 전문기관으로 이관해 적합한 관리를 하는 것, 후손에게 남길 기록을 선별하는 것, 당대에도 그것이 활용되도록 하는 것, 어느 것도 소홀함이 없어야 할 것이다. 이는 이 글을 쓰는 나와 기록인 몫이고 이 글을 보는 독자 몫이기도 하다. 역사의 책임은 모든 이에게 주어진 것이기 때문이다.

03편

◆
◆
◆

사도세자의 아들 정조
문밖 자객 그림자에도 일기 썼을 왕

구름이 많이 낀 밤이었다. 바람도 많이 불어, 이제 그것의 흔적을 찾기 힘든 그믐달의 모습이 바람의 방향에 따라 흩어졌다, 나타났다를 반복했다. 내관들의 옷깃소리, 궁녀들의 조심스러운 발걸음 소리만이 이곳이 사람 사는 곳임을 알려주곤 했다. 왕의 침전, 밤의 전령 부엉이마저 접근하지 못하는 엄숙한 공간에 침묵은 깊어졌다. 왕은 오늘도 일기를 쓰고 있다. 세손 시절부터 취침 전 일기를 쓰는 습관으로 그는 오늘도 먹을 가는 내관 한 명을 둔 채 그날 일어났던 일을 생각하고 있었다.

정조 재위1년(1777년) 8월 11일 밤, 몇 주 전 일어난 암살사건을 피해 거처를 옮긴 곳에서 왕은 습관대로 일기를 써나갔다.

"전하, 피하소서 자객이 들었나이다."

침소 앞에서 내관의 급한 소리가 들렸다.

"잠시 기다리거라."

왕은 마치지 못한 마지막 글을 쓰며 모든 정신을 붓 끝에 두었다. 화살소리가 들리고 고함소리와 비명소리는 뒤섞였다.

왕은 사방에서 들려오는 비명소리를 애써 피하며 찾지 못한 마지막 문장에 집중하였다. 죽음이라는 결말보다 더 중요한 것이 하루의 결말이라는 것을 입증하듯, 붓을 가는 내관의 땀이 비오듯 흘러 벼루의 물이 되고 그의 손떨림에 먹물이 튀어 왕의 침소를 더럽힐지라도 왕은 집중했고 신중했다.

마침내 왕은 마침표를 찍었다. 그날 하루를 마무리했고 그의 정신은 보다 정리되고 마음은 안정되었다. 하루를 마친 것이다.

"활을 가져 오너라."

먹을 갈았던 내관은 얼룩이 묻은 손을 그제서야 옷깃에 닦고 일어섰다. 활은 왕의 손에 들렸고 세상은 고요해졌다. (정조 1년 암살사건을 사실과 상상으로 재구성해보았다.)

나는 정조 암살사건을 읽고 〈일성록〉을 생각했다. 취침 전, 반드시 일기를 쓰고 잤다는 그의 기록으로 보아 그는 그날 밤에도 일기를 쓰고 있었을 거라 생각했다. 세손 시절 시작해 집권 5년차 국정일기로 공식화한, 조선왕조실록보다 더 세심한 내용이 담긴 조선시대 최고 기록 중 하나, 2011년 세계기록유산으로 선정될 만큼 세계적으로도 중요한 가치를 담은 기록, 일성록은 한 사람의 간절함으로 만들어진 운명에 도전한 기록이었다.

매일 일기를 쓰는 것은 아주 어려운 일이다. 특히 살인적인 스케줄로 하루를 보냈던 왕이 일기로 그날의 하루를 정리했다는 것은 한 인간의 위대한 인생을 엿볼 수 있는 점이기도 하다. 나 역시 일기 쓰는 것을 나름 습관화한 사람이긴 하나, 매일 쓴 것은 아니었다. 생의 기쁨이 지속된 순간엔 일기쓰기는 잊기 쉬운 편이다. 평안의 지속은 만족감으로 만족감은 일기조차 필요 없는 나태함으로 나타나곤 한다. 또한 지난한 고난은 잊어야 하는 것들을 계속 생각나게 해 펜을 놓기도 했다.

정조의 인생은 어떠했기에 지난한 고난에도 일기쓰기를 계속할 수 있었을까? 나는 그분의 인생이 궁금했다.

"과인은 사도세자의 아들이다."

즉위 윤음, 그의 나이 25세, 정조의 이 위험한 말은 그의 정체성을 드러냈지만 안전을 담보하기 힘든 도전의 말이었다.

물론 그는 알고 있었을 것이다. 이 말에 담긴 위험과 이것으로 이어질 고통스러운 앞날을 예측하면서도 그는 말을 해야만 했을 것이다. 아비가 뒤주에 갇혀 죽어가는 상황에서 아무것도 할 수 없었던 그날, 뒤주에서 죽은 그 사람의 아들이라는 이유만으로 옷도 벗지 못하고 잠을 청했던 수많은 밤들, 그의 윤음은 운명 앞에 당당히 선 한 남자를 생각나게 했다.

조선 후기의 르네상스를 이끌었던 정조, 사도세자의 아들이라는 이유로 일부세력에게는 도움을 받았지만 그것으로 인해 당시 세력의 주축인 노론에게 끊임없는 위협을 받았던 왕, 그러나 그는 왕의 자리에서 최선을 다했고 개인적인 복수를 백성의 생활보다 앞세우지 않았다. 그런 정조대왕이 꿈꾸던 조선은 어떠했을까?

정조는 목표가 뚜렷한 왕이었다. [정조평전/박현모]에 의하면 정조 2년 6월 여러 신하들이 모인 창덕궁 인정문 앞에서 왕은 개혁의 방향을 말했다. 핵심은 경제살리기와 군대개혁, 인재선발, 건전한 국가재정이었다.

이를 위해 왕은 첫 번째로 세금을 가볍게 하고 생산자와 소비자가 직접 거래할 수 있도록 하는 시장 자유화 조치 등을 통해 백성들의 먹고사는 문제를 해결하려고 했다. 둘째 수어청을 축소하고 장용영을 창설하는 등 강한 군대를 길러 백성들을 안전하게 하였다. 셋째 출신과 신분에 구애받지 않고 인재를 등용했다. 인재등용의 요체는 인재를 잘 기르고 가르치는 데 있다고 보아 규장각이라는 싱크탱크를 세우고 초계문신제 같은 인재양성제도를 도입했다. 넷째 국가재정을 튼튼히 하려 했다. 이를 위해 수원화성에 신도시를 건설해 재정난을 해결하려 했다.

정조는 백성을 사랑한 왕이었다. 궁궐 밖으로 나가 굶주린 백성이 없는지 살피고 다녔고 억울한 죄수가 생기지 않도록 몇차례나 반복해 범죄사실을 심리하곤 했다. 정조가 말하길 "백성들은 비록 어리석어 보이나 지극히 신명한 자들로서 그들을 억울하고 고통스럽게 만드는 것은 곧 하늘을 노하게 만드는 일"이라 하였다.

정조는 기록을 즐겨한 왕이었다. 앞에서 말한 개인의 일기를 넘어선 국정기록이 된 〈일성록〉, 정조가 세손 시절부터 사망까지 사형대상 범죄에 대해 왕이 손수 내린 판결을 모은 일종의 형사판례집인 〈심리록〉, 경연이나 제반행사에서 대신들과 나눈 대화와 전교를 수록한 〈일득록〉, 정조의 시문집인 〈홍재전서〉까지 그는 많은 기록을 남겼다.

정조는 무엇을 위해 그 많은 일을 기록했을까? 그 이유에 대해 홍재전서에는 다음과 같은 말이 나온다. "무릇 임금의 말 하나하나 행동 하나하나는 모두 후세에서 보고 배우는 것이다. 나라에서 좌사와 우사를 설치한 것은 좌사로 하여금 행동을 기록하게 하고 우사로 하여금 말을 기록하도록 한 것이니 한마디 말, 한 가지 행동이라도 혹 빠뜨리는 것이 없어야 한다"는 것이다. 사실에 의거해 있는 그대로 기록해놓아야 후세인들의 성찰에 보탬이 되기 때문이다.

마지막으로 동일기록에 정조의 국가 경영을 '사중지공'으로 표현하고 있다. 정조의 사중지공론은 영우원 천장 논의가 한창이던 1789년에 제시되었다. 그는 신하들과 대화하다가 "사심안에 공심이 있으며 공심 안에 사심이 있으니, 사심안의 공심은 외양은 비록 굽어도 내심은 용서할 만하며 공심안의 사심은 겉모습은 비록 정직해도 속마음은 굽어 있다"라고 말했다. 정조가 취한 조치의 출발점은 사적인 것들이었다. 그러나 그 속에서 그는 그것을 개인적인 이득으로(사심) 탐하지 않고 백성을 위하는 행동으로(공심) 향하였다.

역사는 반복되고 있다. 그래서 정조는 자신의 행동을 경계하고 후손에게 다시는 그러한 일이 반복되지 않도록 기록하고 그것을 남겼을 것이다.

지금 이 시대는 정조의 교훈이 필요한지 모른다. 사심안의 공심으로 조선의 르네상스를 이끈 누군가와 공심안의 사심으로 정직을 가장하고 굽어 있는 무엇을 말하는 자들, 그것들의 공과는 무엇이었는지 역사는 이 모든 것을 어떻게 기록했는지 알기를 바란다. 그리하여 부디 정조 대왕의 말처럼 백성의 억울함과 고통으로 하늘이 노하지 않기를 바랄 뿐이다.

04편
◆
⋮
◆

밀양사람 김원봉

1947년 해방된 조국에서 그 남자는 울었다. 삼 일을 울고, 먹지 못하고, 눈을 감아도 잠을 자지 못했다.

먼저 세상을 떠난 그의 동지를 생각하며 울고 또 울었다. 꿈이라 생각하면 현실이고 현실에서 꿈을 바랐다.

아내와 아이들은 그의 방 앞에서 속울음을 울었다. 감히 문을 열 수도 없는 '통곡', 지하에서도 들리는 '통곡'소리에 그 누구도 그를 위로할 수도 없었다.

의열단 단장, 대한민국 임시정부 군무부장 외 역임한 직위만도 10개가 넘는, 일제가 가장 두려워한 독립운동가, 백범 김구 선생님보다 더 많은 현상금이 걸린 독립운동가 약산(若山) 김원봉은 해방된 조국에서 왜 그토록 눈물을 흘렸을까?

김삼웅 전 독립기념관장이 쓴 〈약산 김원봉 평전〉에 따르면 약산은

1898년 8월 경남 밀양군 부북면 감천리 57번지에서 출생했다. 서당을 다니다 11세에 밀양공립보통학교에 편입했고, 1911년 일왕생일 축하행사를 위해 준비한 일장기를 학교 화장실에 처박는 사건으로 약산은 자퇴한다. 그러나 그 후 밀양 동화중학교 2학년에 편입했고 민족혼을 일깨워 준 일생의 은인인 전홍표 교장과 평생 동지인 윤세주와 우애를 다진다. 1919년 6월 22세의 나이로 서간도 신흥무관학교에 입학하고 9월 신흥무관학교 퇴교, 11월 의열(義烈)단을 창단했다. 의열단은 1920년부터 부산밀양경찰서·종로경찰서·동양척식주식회사 폭탄 투척 등 독립운동의 굵직한 사건들을 수행한다. 그 후 의열단은 1937년 조선민족전선연맹, 1938년 조선의용대 결성 후 1941년 임시정부에 참여하기로 결정, 1942년 조선의용대 광복군 편입하고 약산은 1944년 임시정부 군무부장에 취임한다. 1945년 광복으로 귀국하여 1946년 민주주의민족전선 공동의장에 취임한다. 그러나 대구 총파업 발생 배후자로 지목돼 친일경찰 노덕술에게 체포되어 굴욕을 당한다. 이때 약산은 "내가 조국해방을 위해 중국에서 일본놈과 싸울 때도 이런 수모를 당하지 않았는데 해방된 조국에서 악질 친일파 경찰 손에 수갑을 차다니, 이럴 수가 있소"라며 분노를 쏟았다고 한다. 심리적, 육체적으로 압박을 받다 월북하게 되고 1958년 숙청 등의 이유로 역사에서 사라진다. 향년 61세다.

약산은 왜 월북을 했을까? 일제강점기 왜경에게도 잡히지 않았던 신출귀몰의 사나이가 친일파들이 활개치는 기막힌 해방조국에서 왜놈의 앞잡이가 임정의 요인을 모욕적으로 다룬 것 외, 해방정국의 주역인 여운형 암살사건, 테러위협으로 인한 긴장된 생활 등 월북은 선택보다는 생존이 아니었는지 감히 짐작해 본다.

중경 시절 김원봉의 비서였던 사마로의 자서전에 의하면 "북한으로 가지마라"고 자신이 상해에서 보낸 서한에 대해 김원봉은 "북한은 그리 가고 싶지 않은 곳이지만 남한의 정세가 매우 나쁘고 심지어 나를 위협하여 살 수가 없어 시골로 거처를 옮겼다"고 답신했다고 한다.

여러 가지 정황으로 봐도 '신변위협'이 가장 큰 이유다. 그렇다면 월북이후 그의 퇴장은 어떠했을까? 숙청설, 은퇴설, 자살설이 있다. 그 어떤 설로 보아도 퇴장이 쓸쓸했음을 짐작해본다.

또한 약산의 월북 후 그의 가족, 형제는 풍비박산이 났다. 9남 2녀의 형제 중 친동생 4명과 사촌동생 5명이 보도연맹 사건으로 죽음을 당했고 아버지 김주익은 외딴 곳에 유폐되었다가 굶어 죽었다. 가족과 함께 월북해 두 아들과 아내의 생사도 알 수 없다. 유일하게 생존했던 여동생 학봉(1932~2019.2.24.)님도 별세했다.

그렇다면 밀양은 어떤 곳인가?

평전에 따르면 밀양은 독립운동사에 고딕체로 기록되는 역사적인 사건과 인물이 많은 곳이다. 1920년 밀양경찰서 투탄사건 등 일제의 간담을 서늘하게 한 사건의 주역들 그리고 의열단·민족혁명당·조선의용대로 이어지는 의열투쟁의 주역 대부분이 밀양 출신이며 대표적인 독립운동가는 윤세복, 윤세용, 강인수, 김대지, 김명규, 박지원 등이다. 또한 1919년 3월 13일 밀양에서는 영남 최초로 만세운동이 전개되었고 지역유지, 여성 등 모든 주민들이 조선독립만세를 외쳤다.

그렇다면 우리 경남은 약산을 어떻게 기억하고 기록하고 있는가?

의열기념관에서 일하고 있는 분에게 현재 약산 관련 기록이 있는지? 어떻게 관리되고 있는지 문의하였다. 그분 말에 따르면 당시 밀양에 생존해 계신 막내여동생이 준 가족사진 하나 외에는 없다고 하시며 월북인사라는 이유로 연좌제 때문에 일부 남아있었던 것도 모두 없어졌다고 했다.

또한 약산의 흔적을 찾는 것도 분단시대의 이해관계로 오해받을 수 있는 여지가 있기 때문에 일부러 찾지 않았다고 한다. 국립대만도서관에 약산의 활동사항에 대한 기록이 남아있음을 짐작해 볼 수 있지만 체계적인 수집 사업은 진행되고 있지 않는다고 한다.

또한 월북인사라는 이유로 독립운동가 명단에도 들지 않았다. 안타깝게도 아직 체제의 자양분을 먹고사는 사람이 많은 우리나라에서 그분의 진정한 가치를 알리는 것은 쉽지 않을 것으로 보인다.

시대의 평가, 나라에서 주는 공훈은 뒤로하고, 경남에서 태어나 지역에서 주는 문화를 흡수하고 성장해 민족의 독립을 위해 평생을 싸우다 쓸쓸하게 사라진 그분을 우리 경남은 기억해야 한다. 월북으로 인한 연좌제로 가족과 친인척들은 죽임을 당하거나 굶어죽었다. 그분이 왜 월북 할 수밖에 없었는지를 한번쯤 눈을 감아 생각해보는 시간을 갖길 희망한다.

우리는 그분의 흔적을 찾아야 한다. 또한 찾는 것을 두려워하지 않아야 한다. 기록을 찾아 그분을 기억하고 독립운동가로서 역사 앞에 당당히 세워야 한다.

영화 〈밀정〉을 통해 국민들은 약산을 체험했다. 또한 2019년 약산을 주제로 한 드라마 〈이몽〉이 방영되었다. 늦었지만 다행스러운 일이다. 지금 약산은 독립운동가로서의 '국민적 공감대'가 필요하다. 드라마가 그것을 얼마나 소화시켜주었는지 모르지만 계기는 되지 않을까 짐작해본다.

친일경찰에서 친미·반공경찰로 변신한 노덕술의 모욕을 넘어 해방조국의 비참한 현실에 분노한 약산의 눈물은 온 국민의 위로로 그칠 것이다. 그 위로의 출발점은 우리 경남이어야 한다. 경남의 땅을 밟고 자란 사람, 밀양사람 김원봉 선생님을 기록하고 기억하자. 지하에서도 눈물을 그치지 못했을 것 같은 그분이 이제 그 눈물을 그치고 평안하기를 간절히 기원한다.

05편

◆
◆
◆

손흥록과 안의
생을 걸고 지켜낸 '실록' 내일 여는 귀중한 유산

적은 사방에서 몰려들고 있었다. 산중을 울리는 함성소리와 횃불은 여기저기 켜졌을 것이다. 정읍 내장산 기슭, 임진왜란 중 유일하게 남은 조선왕조실록을 피신·보관 중이던 선비 손흥록과 안의[1], 새벽이슬과 희미해져 가는 별을 바라보며 불철주야 당직을 서던 그들은 무슨 생각을 했을까?

신하는 임금을 버리고 임금은 백성을 버리고 백성들은 왜군에게 죽임을 당했던 때, 종이에 불과한 오래되고 낡은 책을 보존하기 위한 370일 그들은 생의 모든 것을 걸었다.

---

1) 춘추관과 지방 사고에 분산·보관하였던 실록은 임진왜란의 발발로 성주, 충주, 춘추관 사고가 차례로 소실되면서 사라졌다. 다만 전주사고 실록만이 안의, 손흥록, 오희길 등 민·관의 노력으로 보존되었다. 이들 중 손흥록과 안의는 370일 동안 실록을 지키기 위해 숙직을 섰고 그 내용이 「수직상체일기」로 남아있다.

공을 얻고자 함이었을까? 명예를 높이기 위해서였을까? 역사에 대한 수호의지였나?

전쟁 후, 실록을 지킨 공으로 벼슬을 내리던 선조의 명을 끝내 받지 않은 것을 보면 단순히 개인의 이익은 아니었던 것으로 보인다.

그들이 목숨 걸고 지켜내고자 했던 기록, 나는 가끔 산짐승이 울고 적들의 외침소리를 들으며 매일 밤 홀로 무겁게 내려앉은 실록을 바라보던 그들을 떠올리곤 한다. 먹을 것도 없고, 추위와 배고픔에 떨며 아내도 자식도 어미도 아닌 기록을 지킨 그들의 의기, 무엇이었을까?

기록이 중요하다고 한다. 개인으로는 학습의 효과의 기억유실의 방지를 위해, 국가적으로는 역사의 중요성을 환기시키기 위해 한 말이었을 것이다.

그러나 안타깝게도 우리는 공기만큼 당연하게 존재하는 기록을 관리하기 위해 관심을 기울이지 않는다. 수많은 기록 중 무엇을 남기고, 어떻게 관리할 것인지는 관심 밖의 일인 것이다.

다행히 1999년 「공공기관의 기록물 관리에 관한 법률」이 만들어 지고 2006년 동법률의 전면개정(「공공기록물 관리에 관한 법률」)으로 700여 개 공공기관에 기록물관리전문요원이 배치되었고 수개의 대학, 대학원에 기록학 과정이 개설되었다. 양적으로 보아 기록관리는 점차 그 중요성이 확산되고 있지만 아직 그 효과는 물을 손으로 움켜지면 손가락 틈으로 빠져나가는 것처럼, 잡아도 잡히지 않고 결과물을 담기에도 충분하지 않는 상태로 진행되고 있다.

그렇다면 기록과 기록관리는 무엇인가?

법에서 정의하는 "기록물"이란 공공기관이 업무와 관련하여 생산하거나 접수한 문서·도서·대장·카드·도면·시청각물·전자문서 등 모든 형태의 기록정보 자료와 행정박물(行政博物)을 말하며, "기록관리"란 기록의 생산·분류·정리·이관(移管)·수집·평가·폐기·보존·공개·활용 및 이에 부수되는 모든 업무를 말한다.

즉 공무원들이 매일의 업무에서 자연스럽게 생산·등록한 문서는 이 법의 범주에 모두 속하게 된다. 이렇게 생산된 기록은 정리 절차를 거쳐 공공기관 내 기록을 체계적으로 관리하는 '기록관'으로 이관된다. 이관된 기록은 기록관에서 기록연구사의 손길을 거쳐 선별·평가(관리해야 할 기록) 과정을 거쳐 30년 이상 기록은 관할 영구기록물관리기관(경남의 경우, 경상남도기록원)으로 이관되고 최종적으로 보존·활용된다. 이는 공공기관에 국한된 기록의 정의이며 이 외에도 도민의 생활을 증거 할 수 있는 "도민기록"도 있다.

이렇게 이관·보존된 기록은 결국 대한민국과 시민의 권리증진을 위해 활용된다. 쉽게 생각하면 기록은 시민들이 궁금해하는 공공의 정책에 대한 정보공개 청구의 대상물이며 공공기관에 지속적으로 요구되는 정보의 객체이기도 하다.

약 10여 년 전부터 공공기관에서는 '조상 땅 찾기'라는 업무를 통해 시민들에게 관련 정보를 홍보·서비스하고 있다. 많은 사람들이 이 사업을 통해 조상 땅을 찾은 실질적인 소득을 얻었다. 단순히 정보를 청구하여 정보를 얻는 수동적 서비스를 벗어나 청구 전 서비스를 제공, 시민들에게 현실적 도움을 준 것이다. 이런 서비스는 공공기관의 기록 보존과 효율적 활용에 깊은 관계가 있다. 보유기록이 없다면 활용 할 수 없고, 있더라도 관리되지 않는다면 서비스할 수 없는 것이다.

추상적으로 기록은 개인, 조직, 공동체 기억을 위한 보고이며 그들의 권리와 이익을 증거하고 보호하는 매개라고 말한다. 이 물음에 우리는 '그래서 어떻다는 것인가?'라는 질문을 또 한번 던지기도 한다. 기록이라는 단어 자체가 추상적이고 그 의미 또한 추상적으로 나열되었기에 일상에서 기록, 기록관리와 관련되는 일이 일어나더라도 숨겨진 이면의 내용을 시민들은 알지 못하기 때문이다.

생산되어야 할 기록을 생산, 보존하여야 할 기록을 선별, 활용하여야 할 기록을 서비스하는 낯설어보이는 이 체계가 결국 시민 생활의 기층을 이루는 일 중 하나라는 것을 나와 우리 기록인들의 생각을 넘어 모두 함께 공유하길 희망한다.

370일, 아무도 알아주지 않지만 전란 중 위험을 무릅쓰고 실록을 보호한 선비 손흥록과 안의 덕분에 지금 우리는 조선건국, 세종대왕 등 왕들의 공·사적인 생활, 한글창제, 측우기 발명 등 위대한 우리 조상의 업적을 외우지 않아도 기억하게 된 것이다. 또한 이를 통해 조선왕조실록이 세계기록유산으로 등재, 나아가 세계에서 4번째로 세계기록유산을 보유한 국가가 되었으니, 이는 기록을 생산하고 관리한 사람들의 노력도 있었지만 손흥록, 안의, 이들의 노력이 없었다면 불가능했을 것이다.

생의 모든 것을 걸어 그들이 지키고자 했던 기록이 지금 각 공공기관 등에서 보존·관리되고 있다. 오늘 우리가 정성스럽게 기록을 관리한다면 우리 역시 또 다른 손흥록과 안의처럼 역사의 한페이지를 여는 일을 하고 있는 것이다. 이는 아무것도 아닌 것 같지만 긴 호흡으로 세상을 바라보면 매우, 귀중한 일이다.

06편

이순신 장군과 기록정신

　　　"어머니가 세상을 떠나고, 막내아들 면
이 그 뒤를 따랐다. 부하들이 있어 마음 놓고 울지 못해 근처 소금창고
에 숨어 울었다. 어머니 상중, 고기를 먹지 않으려 했지만 임금은 기어
이 고기를 하사했다." 그때 이순신의 기록(난중일기)에는 "주상께서 고
기를 하사하니 비통하고, 또 비통하다" 했다.

　장군은 울었고, 그것은 일기로 기록되어 전해진다. 또한 그 기록을 본
400년 후 사람인 나도 따라 울었다. 이순신 장군의 비통함은 400년이
지난 후에도 기록으로 인해 그대로 전해지는 것이다.

　이순신 장군은 조선시대 공무원 중 가장 투철한 기록정신을 가진 사
람이었고 그가 남긴 기록은 역사가 되고 이야기와 교훈이 되었다. 그
의 세계사적 유례없는 승전의 역사는 놔두고, 나는 그의 '기록'을 이해
하려고 한다. 분석하는 것이 아니라 '이해'하고 싶다.

이순신 장군은 기록의 달인이다. 달인의 선정에는 여러 사유가 있겠지만, 그분에게 '달인'이라는 칭호를 붙이는 이유는 그가 겪은 전쟁이라는 상황 때문이다. 상대는 강력했고 장군과 그의 부하들은 두려웠을 것이다. 또한 자신의 초라한 군사상황을 적에게 숨기고자 급급했을 것이다. 군사들을 훈련하고, 부족한 식량을 보충해야 했고, 배를 건조하고 적을 염탐하고 승전을 위해 작전 계획을 짜는 등 날마다 하루가 1분 같은 시간이었을 것이다.

이 와중에도 그는 기록했다. 1592년 임진년 1월 1일부터 1598년 11월 7일 노량해전에서 최후를 맞기 전 2539일, 장장 7년간 대기록이다. 개인사는 물론 나라에 대한 애끓는 충정부터 전시의 세세한 상황까지 어느 하나 소홀함이 없는 기록이었다.

그분에게 기록은 어떤 행위였을까? 감히 미루어보건대 사적으로는 '생각의 정리' 공적으로는 '업무의 정리, 반성, 교훈, 계획'이었을 것이다. 당시 상황을 보면 과연 기록을 할 여유가 있었는지 의구심이 들지 않을 수가 없다. 적이 밤에 쳐들어올까 봐 갑옷을 벗지도 못하고 잠을 청한 날이 허다했기 때문이다. 그럼에도 그는 날마다 정리했다. 자기 자신에 대해 그리고 그가 겪는 매일의 공무에 대해 적으면서 계획했을 것이다. 모든 승리에 원인이 있다고 한다면 이순신 장군의 승리는 '기록'에서 시작되지 않았을까 짐작해본다.

나는 요즘 이순신 장군을 자주 생각한다. 육아와 일을 병행하다 보니 바쁘다는 것을 부정할 수 없기 때문이 그래서 더 그분이 생각나는지도 모른다. 그는 나보다 더 어려운 상황에서도 우왕좌왕하지 않고 날마다 계획하고 집중하여 업무를 완료했다. 개인사와 겪지 않기를 소망하는 일들의 고통 속을 헤매면서도 남은 부하들을 생각하며 기록으로만 고통을 승화했다. 그분에게 감정 표출이 허락된 곳은 기록하는 행위뿐이었을 것이다.

기록하는 것의 중요성은 많은 사람이 이구동성 말한다. 작가는 작가의 처지에서, 농사를 짓는 사람들은 농사를 하는 입장에서 다들 그 삶의 모양대로 기록의 중요성을 말하고 있다. 단 이분들의 공통점은 자기 분야에서 일가를 이루었다는 것이다. 기록은 작성자가 행위에 대한 스스로 평가, 반성, 계획으로 그날의 실수가 반복되지 않도록 교훈을 주며, 뚜렷한 목표를 통해 하고자 하는 일이 '열심'이라는 자기만족에 빠지지 않도록 방향을 안내하는 조력자의 역할을 하기도 한다. 기록을 함으로써 얻어지는 이점은 기록을 하지 않음으로써 생기는 무절제의 상황을 정리하면서도 삶을 성공으로 이끄는 견인차 구실을 한다.

지금 공공기관에서는 수많은 기록이 끊임없이, 실시간 생산되고 있다. 기록한다는 것은 업무를 수행하고자 하는 목적을 논리적으로 드러나게 해주며, 작성하는 사람은 그 행위를 통해 문제점 분석과 대응방안 등의 목표점을 정확하게 찾을 수 있다. 공공기록은 생산한 후 얻어지는 법적인 증거능력을 떠나 생산할 그 때부터 생산자의 의지를 표명하고 업무가 체계적으로 흘러 갈 수 있도록 조력한다. 이러한 효과는 의도적으로 생기는 것이 아니라 업무수행의 일반적인 흐름이니 담당자는 느끼지 못할 수 있다. 때문에 의도성이 필요한 기록관리의 행위(정리, 이관 등)는 간과하기 쉽다. 나의 기록이 이순신 장군의 난중일기가 될 수 도 있다는 사실을 잊고 있는 것이다.

이순신 장군이 태어난 지 476년이 흘렀다. 그동안 운송수단은 말과 마차에서 자동차로 바뀌고, 먹물을 갈아 한자로 작성했던 공문서가 컴퓨터를 이용해 한글로 작성되고 있다. 그 외 행정 내·외부에서 수많은 내용이 개선되고 혁신되었다. 그렇다면 그 당시 업무를 보던 장군보다 지금 우리가 더 기록에 철저를 기해야 할 것은 말할 것도 없을 것이다.

역사가 반복된다고 한다면 그분의 기록정신도 반복되고 있다고 믿고 싶다.

07편

◆
◆
◆

기록적인 인생, 기록없는 인생
뻘 속 진주 같은 삶 캐내어 아로새기다

내 가고 난 뒤에도 해와 달은

무수히 뜨고 지리라마는

이제 나의 세월 자투리 몇치나 남았을고

눈동자와 머리 속엔 안개꽃 자욱히 피어

황홀한 현기증일 뿐

헤집어 보아도 무엇 하나 찾아낼 틈 안보이네

오로지 가슴엔 모닥불 타는 소리 토토닥 토닥

하마 행장 챙겨놓은지 오래거늘

또 무엇이 미진해서 이리 지척이는가

그 많은 세월 속에 해놓은 일 없고

떠나는 그 시각까지도 철 못 들고

이리 꾸리고 저리 매만지고

홀홀 털어 벗어 던질 줄 모르노니
무거운 짐 지고 새다리 같은 몸
어이 가누려는가
아, 철없는 나의 인생

이효정 시인의 시집 〈회상(回想)〉에 나와 있는 '철없는 인생'이라는 시다.

나는 요즘 이런저런 일로 '기록'과 관계된 삶을 살아오신 분들을 계속 만나고 있다. 평생을 기록하시거나 기록을 보존하신 분, 그리고 이제 그 기록을 떠나보내기 위해 준비하시는 분들…. 각자 삶의 방식대로 기록을 관리하시는 분들이다. 그 분들에게는 공통점이 있다. '내 삶의 자부심'을 기억하고 남기고자 하는 마음. 누구에게나 주어진 인생을 그저 가는 대로 사는 것이 아니라 반성과 소망의 산출물로 매일을 점검하며 일생을 사신 분들이다. 이 분들의 연세는 80세 정도 되신 분들이 대부분이다. 그러나 대화를 하다보면 노령으로 인해 쇠약해진 몸이 아니었다면 그 마음은 아직도 청춘이고 열정은 그대로였다. 때문에 놀랍기도 하고 반성하기도 한다. 기록은 이미 일상으로 스며든 역사였다.

반면에 기록적인 인생을 살아오셨지만 지난한 세월 속에 기억의 자투리로 생을 정리하신 분도 있다. 서두에 적었던 철없는(?) 인생의 저자 이효정 시인이다. 우연한 기회에 가향문학회를 알게 되어 그 자리에 참석하게 되었고 덕분에 지금은 작고하신 이 시인을 알게 되었다. 문학회에 처음 들어갔을 때 눈에 띈 건 이 시인의 아드님(박진수 화백)이 그린 이효정 시인의 초상화였다. 구부정한 허리로 지팡이를 짚고 앉아계시던 분, 잠을 듯 말 듯한 눈으로 무엇인가를 응시하고 계신 분, 슬픔이 배어 나올 것 같은 종이의 질감 위로 지난한 삶을 생에 대한 이해와 순수로 승화시킨 듯하였다.

이효정 시인은 1913년 경북 봉화군에서 태어났다. 집안 사람 대부분 독립운동을 했으며 이육사 시인도 이효정 시인의 친척오빠뻘 되는 사람이다. 누구보다 순수했던 이 시인은 동덕여자고등보통학교 재학 중, 광주학생운동이 일어나 백지동맹 주도로 무기정학을 받는다. 그 후 이재유 등이 지도하는 경성트로이카에 가담해 노동운동에 참여하게 된다. 1935년 11월 '경성지방좌익노동조합 조직준비회'에서 조합과 항일의식 고취에 주력하다 경찰 검거 후 13개월 동안 서대문형무소에서 옥고를 치렀다. 출옥 후 박두복과 결혼해 평범한 주부로 돌아갔지만 해방 후, 건국준비위원회 울산 대의원으로 활동하다 남편의 월북으로 '빨갱이 가족'으로 낙인 찍히게 된다. 때문에 이 시인과 2남1녀는 독립운동가 혹은 독립운동가의 자식이 아니라 빨갱이의 아내 혹은 자식으로 변화된 생을 맞이하게 된다.

이어지는 연행과 고문, 장애 입은 몸, 억울한 옥살이, 다행히 1980년 6·10민주항쟁으로 어느 정도 민주화가 이뤄진 후 이 시인은 시집을 출간하는 등 문학인으로 지내게 된다. 이어 2006년 사회주의 독립운동가들에 대한 재조명 작업이 정부에 의해 이뤄지면서 93세의 나이로 독립유공자로 지정, 건국포장을 받고 2010년 8월14일 타계했다.

방금 서술한 이야기는 인터넷에 잠시 검색만 하면 나오는 이 시인의 이야기다. 망망대해의 인생을 글 몇 줄로 요약한 것이 염치없게 느껴지기도 한다.

이 시인의 따님은 마산에 살고 계신다. 때문에 이 시인은 마산에서 시작 활동을 하셨고 문학회 회원으로 활동하며 시집도 남기셨다. 아드님들은 현재 인천, 서울에 살고 계시고 화가와 조각가로 활동하고 계신다.

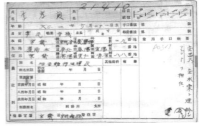

이효정 시인
출처: 국사편찬위원회 한국사데이터베이스/일제감시대상인물카드

나는 이효정 시인의 삶과 그 남은 가족들의 삶이 궁금해졌다. 가양문학회에 찾아갔을 때, 단체로 찍은 사진과 시집 외에는 알 길이 없었던 생을 기억하는 기록을 찾기 원했다. 아드님과 따님에게 전화를 해봤지만 남은 기록은 거의 없는 것 같았다. "버리고 갈 것만 남아서 참 홀가분하다"던 박경리 소설가의 말처럼 모든 것을 홀가분하게 버리신 걸까?

집안에서 내려온 족보나 일기 등을 전쟁시절 땔감으로 쓸 수밖에 없었던 우리네들의 어려운 삶을 이해하면서도 그것으로 인해 훌륭한 것들을 전하지 못하는 아쉬움이 늘 남아있던 내게, 이효정 시인과 그 가족의 삶도 내게는 안타까웠다. 다행히 독립운동가로 삶이 조명된 후 방송 출연과 인터뷰 등으로 그 삶이 소략 알려지게 되었지만 여전히 말씀을 주저하시는 방송을 보며 지난한 삶이 주는 조심스러움은 그로 인해 혹여나 누군가에게 피해가 갈까 두려워하는 모습이었다. 때문에 기록을 남기는 것을 두려워했으리라.

나는 기록을 연구하는 사람이다. 기록을 연구하는 사람은 진실을 탐구해야 한다고 생각한다. 또한 이 직업을 가짐으로써 좌·우로 치우치지 않는 삶을 살기 위해 늘 노력하기도 해야 한다. 때문에 내가 하는 이 일들이 단 한 사람이라도 생에 큰 울림을 준다면 주어진 사명은 달성했다고 생각한다.

조만간 이 시인의 아드님과 따님을 만날 계획이며 그날은 구술기록을 처음으로 실행하는 날이기도 하다. 모자이크 조각을 맞추듯 이 일이 잘 수행되어 그분이 우리 경남에서 행하신 일들, 시인으로서의 이효정을 기억할 생각이다.

끝으로 며칠 전 읽은 〈세월호, 그날의 기록〉이라는 책에 프랑스 〈르몽드〉 창간인 위베르 뵈브메리의 말이 인용되었다. 그 말로 이번 장을 마무리하고자 한다.

"바보 같은 진실은 바보같이 말하고, 마음에 들지 않는 진실은 마음에 들지 않게 말하고, 슬픈 진실은 슬프게 말하라."

기록적인 인생들이 기록 없이 생을 마치지 않도록 정성을 다하려고 한다. 때문에 남겨진 기록이 그분들의 생의 진실을 드러내기를 희망한다. 그것이 내가 이 자리에 있는 이유 중 하나일 것이다.

08편

노회찬 아카이브

'수오지심(羞惡之心)'.

〈리더에게 길을 묻다〉라는 방송(2010년 1월 24일·SBS)에서 한국 사회가 필요로 하는 리더의 모습에 대해 유시민 작가가 대답한 말이다.

그는 이 말을 하면서 다음과 같이 덧붙였다. "누구나, 누가 맡아도 오류를 저지를 수밖에 없다. 그런 지적을 받았을 때 그것을 부끄러워하면서 새로 조명해 자기를 교정해 나갈 수 있어야 한다."

부끄러워할 수 있다는 것은 겸손함의 다른 표현이라 생각한다. 그러나 부끄러운 마음이 표출되는 행태는 다양할 수 있다. 화를 내거나, 사과를 하거나, 사실을 왜곡하는 등 마음의 순수함과 달리 표현되는 행동은 다를 것이다.

지난 7월 23일 우리 곁을 떠난 노회찬 의원의 수오지심(羞惡之心)'은 그의 생을 건 '책임'으로 마감되었다.

그는 2016년부터 내가 살고 있는 성산구를 대표한 자랑스러운 국회의원이었다. 나는 이 짧은 기록으로 그를 추모, 기억하고자 한다.

1956년 부산에서 출생한 노회찬 의원은 초량초등학교, 부산중학교, 경기고등학교를 거쳐 고려대 정치외교학과를 졸업했다. 1973년 유신독재 반대로 민주화 운동을 시작한 때, 그의 나이 17세였다. 26세인 1982년 전기용접기능사 2급 자격증을 취득해서 인천 등에서 용접공으로 근무했다. 세 번 국회의원으로 당선되었고 삼성 엑스(X)파일 사건으로 한번 의원직을 상실했다.

7년여 의원 생활 동안 1,029건의 의안을 발의, 39건이 국회 본의회를 통과했고 대표발의안 127건 중 7건이 본회의를 통과했다.

주요 의안으로는 2004년 9월 14일 제출한 '민법 개정안(호주제 폐지)', 2005년 '장애인차별금지 및 권리구제에 관한 법률안', 2013년 '소방공무원법 일부개정법률안', 2016년 무상급식을 위한 '학교급식법 일부개정 법률안' '고위공직자비리수사처 설치에 관한 법률안', '아동학대범죄의 처벌 등에 관한 특례법 일부개정법 법률안', 2018년 'STX조선해양 및 성동조선해양의 경영정상화 및 회생을 위한 정부 및 채권단 등의 대책수립 촉구 결의안' 등이 있다. (※국회 의안정보시스템 참조)

이 모든 활동을 통해 2005년 여성단체연합 '호주제폐지 감사패'와 광복회 '친일재산환수법 통과 감사패', 2004년 '전태일문학상 특별상', 국회57주년 개원기념 '우수의원 외교 공로패', '한글날 국경일 제정 범국민추진위원회 한글을 빛낸 큰 별', 2006년 조계종 '조선왕조실록환수 감사패'를 받았다.

주요 업적(조문보/정의당)을 보면 호주제폐지, 장애인차별금지법 발의 등 사회적 약자 보호를 위한 입법 활동과 삼성 엑스파일 떡값검사 명단 공개로 거대권력인 재계와 검찰 사이의 부정한 결탁을 끊어야 한다는 내용으로 사법개혁을 촉발했다. 또한 2006년부터 현재까지 중소상공인들의 염원인 신용카드 가맹점 수수료 인하를 위해 앞장서왔으며, 수수료 인하와 제도개선을 이끌어냈다. 그 외 검찰개혁 판사블랙리스트 사건으로 비화된 사법부와 청와대 재판거래 의혹을 밝히는 데 앞장섰다.

그러나 그는 다음과 같은 유서를 남기고 2018년 7월 23일 향년 61세의 나이로 세상여행을 떠났다.

"2016년 3월 두 차례에 걸쳐 경공모로부터 4000만 원을 받았다. 어떤 청탁도 없었고 대가를 약속한 바도 없었다. 나중에 알았지만 다수 회원들의 자발적 모금이었기에 마땅히 정상적인 후원 절차를 밟아야 했다. 그러나 그러지 않았다. 누굴 원망하랴. 참으로 어리석은 선택이었으며 부끄러운 판단이었다. 책임을 져야 한다. 무엇보다 어렵게 여기까지 온 당의 앞길에 큰 누를 끼쳤다. 이정미 대표와 사랑하는 당원들 앞에 얼굴을 들 수 없다. 정의당과 나를 아껴주신 많은 분들께도 죄송할 따름이다. 잘못이 크고 책임이 무겁다. 법정형으로도 당의 징계로도 부족하다. 사랑하는 당원들에게 마지막으로 당부한다. 나는 여기서 멈추지만 당은 당당히 나아가길 바란다. 국민 여러분 죄송합니다. 모든 허물은 제 탓이니 저를 벌하여 주시고 정의당은 계속 아껴주시길 당부 드립니다."

그는 정의와 평등을 위해 스스로를 다짐하며 많은 일을 수행했다. 그가 떠난 후 사람들은 다양한 방식의 추모와 말을 했다. 그를 사랑한 사람들은 편지나 성명서 등으로, 상황을 비판적으로 보는 일부는 그의 과오만을 들추어 말하거나 행위를 지탄하기도 했다.

그중 경남장애인자립생활센터협의회는 다음과 같이 성명서(7. 24)를 냈다. "고인은 장애인차별금지법을 대표 발의한 분으로 장애인의 인간으로의 권리를 쟁취하고, 대한민국 사회에 만연한 장애인차별에 대해 장애인 당사자와 함께 저항하고 싸웠던 분입니다. 고인은 살아오면서 사회적 약자들, 차별받는 사람들의 편에 함께했습니다. 그들의 편에서 힘이 되려 했고 목소리를 내는 일에 함께하였습니다. 그것이 그분의 정치였고, 이 세상의 희망이라는 것을 스스로 실천하며 보여주었습니다. …(이하 생략)"

노회찬과 함께 읽은 조선왕조실록
저 노회찬

또한 노회찬 의원은 기록과 역사의 중요성을 아는 정치인이었다.

400권에 달하는 조선왕조실록 원본을 읽고 2004년 〈노회찬과 함께 읽는 조선왕조실록〉이라는 책을 썼다. 이 책 서문에서 그는 다음과 같이 말했다. "만일 조선시대처럼 사관이 있어서 대통령의 일거수일투족을 기록하고 사초를 작성한다면 어떨까. 그러면 우리는 비리니 국정조사니 하여 사회전체가 떠들썩해지는 혼란을 피하고 차분히 진실을 대할 수 있을 것이다. 무엇보다도 사관이 지키고 서 있다면, 의혹을 살 일은 처음부터 피할 수 있었을 것이다. 역사를 두려워하지 않는 사람은 드물기

노회찬재단 누리집

때문이다. 역대 정치사의 많은 잘못들은, 국민은 물론 역사마저도 속일 수 있다는 만용에서 시작되었기 때문이다. 그래서 조선왕조실록은 오늘의 우리에게 충고하고 있다. 너희도 실록을 써라!"

또한 국회방송(TV 도서관에 가다)에서 해당 책 내용으로 인터뷰를 하는 중 그에게 닮고 싶은 왕을 물으니 '복지정책에 기여한 젊은 시절의 세종대왕'이라고 답했다. 덧붙여, 진실은 훼손될 수 없고 모든 권력을 가진 왕의 철저한 기록은 후세인에게 거울이 되는 지침을 준다고 말했다. 권력과 생명은 유한하지만 역사는 무한하고 모든 것은 남아서 평가될 것이기에 스스로도 역사에서 좋은 평가를 받은 정치인이 되기를 다짐하기도 했다.

노회찬 의원은 역사를 통해 교훈하고 그것을 두려워 한 정치인이자 품격 있는 개인이었다. 또한 기록의 가치를 알고 그것을 활용할 줄 알았다. 더 나아가 과거 기록만을 생각한 것이 아니라 현재 기록이 어떻게 관리되어야 하는지를 아는 정치인 중 하나였다. 공공기록물법의 세부 내용을 알았고 기록이 무엇인지 정의할 수 있었다.

이제 노회찬 의원이 남긴 기록(SNS, 어록, 홈페이지, 도서, 시청각자료, 박물, 발의법안 등)은 그가 원했던 역사 앞에서 평가 받을 것이다. 또한 그가 떠난 후 남겨진 사람들의 눈물, 분노, 비난 등 죽음 이후의 상황도 기록될 것이다.

그러나 무엇보다 중요한 것은 그의 허물이 어떠하든 약한 자를 진심으로 사랑했던 노회찬 의원 앞에 우리 스스로를 돌아보는 일일 것이다.

끝으로 나는 그의 마지막 지역구민으로서, 노회찬 의원의 '책임'뿐만 아니라 그 '책임'이 누구에게나 동일하며 수오지심(羞惡之心)은 누구에게나 필요하다는 것을 생각하며 지낼 것이다.

노회찬 의원과 마찬가지로 누구든지 역사 앞에는 공평하기 때문이다.

09편

찰나의 순간,
나를 버리고 민족의 미래를 선택한 사람
'고(故) 김영환 장군'

매년 6월 9일은 세계 기록의 날이다.

세계 기록의 날은 2007년 국제기록관리협의회(ICA)가 기록의 중요성 인식 확산을 위해 국제기록관리협의회 창립일인 이날을 세계 기록의 날로 정한 것에서 비롯되었다. 이를 위해 국가기록원은 지난 8일 세종시 대통령기록관에서 '기록의 날' 기념행사를 열었다.

행사 내용 중 소중한 기록유산을 안전하게 보호한 분에게 수여하는 감사패 증정식이 있었는데 대상이 고(故) 김영환 대령의 아들 김정기 씨다.

김영환 대령은 누구일까?

해인사 누리집에 따르면, 1950년 6월 25일 인민군이 낙동강까지 내려와 일진일퇴의 공방을 벌이다 인천상륙작전을 기해 국군과 유엔군의 반격으로 3개월 만에 북쪽으로 퇴각하게 되었다. 그때 낙오된 인민군

약 900명이 가야산에 숨어 가야산 줄기와 계곡의 요처인 해인사를 중심으로 주변 숲을 진지화해서 소탕작전을 펴는 국군과 맞섰다.

1951년 9월 18일, 토벌을 진행하던 육군이 공중 지원을 요청하여 해인사 주변의 공비를 폭격해달라는 주문을 했다. 당시 김영환 대령을 편대장으로 한 4대의 전폭기는 각각 500파운드 폭탄 2발씩과 5인치 로켓탄 6발씩을 장착하고 있었다. 특히 편대장 김영환 대령의 1번기는 폭탄 대신 750파운드짜리 네이팜탄을 적재하고 있어 투하했으면 해인사 전체가 불바다가 될 판이었다. 인민군의 소재지를 파악한 정찰기가 백색 연막탄을 투하해 해인사 대적광전 앞마당을 폭격지점으로 가리키자, 즉각 미 군사고문단에서 폭격 명령이 시달되었다. 그런데 1번기를 기수로 해서 4대의 전폭기가 해인사로 꽂혀가던 그 순간, 갑자기 편대장 김영환 대령은 급상승 선회하면서 편대기들에 폭격 중지를 명령했다. 김 대령은 편대장의 지시 없이는 절대로 폭탄과 로켓탄을 사용하지 말 것, 그리고 기관총만으로 해인사 밖 능선에 숨은 인민군 진지를 공격할 것을 명령했다.

인민군의 지상 포화가 교차하는 속에 기총소사로 공격하던 비행 편대에 다시 정찰기로부터 폭격 재촉 명령이 떨어졌다. "해인사를 네이팜탄과 폭탄으로 공격하라. 편대장은 무엇을 하고 있는가."

명령을 들은 기장들은 인민군들이 공격을 피해 해인사로 몰려가고 있으니 빨리 폭격을 하자고 편대장에게 재촉했다. 그러나 편대장 김영환 대령은 날카롭게 명령을 뒤집었다.

"각 기는 일체 공격을 중지하고 내 뒤를 따르라."

그러고는 기수를 돌려 몇 바퀴 선회하다가, 몇 개 능선 뒤의 성주 쪽 인민군을 폭격하고 기지로 돌아갔다.

김영환 대령은 전시 상황에서 명령에 불복종했다. 평시에도 명령 불복종이나 지시사항 미수행은 인생을 건 결단이 없으면 하기 어려운 결정인데, 전시는 오죽했을까 싶다. 이 일로 이승만 대통령은 "말 안 듣는 김영환을 포살(砲殺)"하라는 명령을 내렸지만 팔만대장경의 중요성을 역설한 공군 참모 총장의 배려로 다행히 즉결처분은 모면하게 된다.

김영환 대령이 명령에 불복한 이유는 무엇이었을까? 다음은 해인사를 폭격하라는 명령 불복종에 대한 문책 당시 대령이 한 말이다.

"태평양전쟁 때 미군이 일본 교토를 폭격하지 않은 것은 교토가 일본 문화의 총본산이라 생각했기 때문이 아니었습니까. 그뿐만 아니라 영국이 인도를 영유하고 있을 때, 영국인들은 차라리 인도를 잃을지언정 셰익스피어와는 바꾸지 않겠다고 하지 않았습니까. 이와 마찬가지로 우리 민족에게도 인도하고도 바꿀 수 없는 세계적 보물인 팔만대장경판이 있습니다. 이를 어찌 유동적인 수백 명의 공비를 소탕하고자 잿더미로 만들 수 있겠습니까."

2007년 세계기록유산으로 등재된 팔만대장경은 임진왜란 당시 의병과 승려들의 헌신 말고도 김영환 대령 같은 기록의 가치를 아는 사람이 없었다면 현재까지 존재하지 못했을 것이다. 경남에서 유일하게 보유하고 있는 세계기록유산, 현재 경상남도기록원 전시실에 소개되고 있는 경남의 자랑스러운 보물인 팔만대장경은 지금은 세계가 그 가치를 인정해주니 일반인들도 그 중요성을 쉽게 알고 있다. 하지만 6·25전쟁 당시, 특히 극심한 가난에 시달리던 그때, 그 가치를 알고 전시에도 상관의 '명령'에 불복종했다는 사실은 내가 기록연구사인 것을 떠나 절로 고개가 숙여지는 대목이다.

앞에서 말한 내용 중 "1번기를 기수로 해서 4대의 전폭기가 해인사로 꽂혀가던 그 순간, 갑자기 편대장 김영환 대령은 급상승 선회하면서 편대기들에 폭격 중지를 명령"했다는 대목을 읽으며 '갑자기'라는 말을 눈여겨보았다. 김영환 대령은 '갑자기' 그 '찰나'의 시간에 무엇을 생각했을까?

상황은 매우 급했을 것이다. 공비들의 위치는 탐지되었고 미군은 폭격을 명령했고 본인뿐만 아니라 휘하의 기수들은 폭격을 위해 달려가고 있었다. 모든 것이 완벽한 순간이었다. 이 순간만 지나면 임무를 완성한 후 상관들의 인정과 동료들과의 축하로 상황을 끝내고 집으로 돌아갈 수 있었다. 그러나 그는 모든 것이 완벽한 순간에 항명 곧, 죽음을 걸고 지시를 거부했다.

공비들은 다른 방법으로도 소탕할 수 있다. 요즘 말로 서로 윈윈하며 모든 것을 지켜 낼 수 있었다. 그러나 이 생각은 지금 내가 편안히 앉아 기록의 가치를 우선으로 생각하기에 말할 수 있는 대안이다. 전시에, 판단의 순간이 '찰나'였다면 기록연구사인 나조차 과거의 사실, 현재 상황, 미래의 가치를 가진 팔만대장경의 중요성을 생각하며 상관의 명령을 거부, 지켜낼 수 있었을까?

본능과 직감이 아니면 불가능했으리라 본다. 해인사를 폭격하지 않은 것은 모든 것을 심사숙고해야 겨우 내릴 수 있는 목숨을 건 판단이었다. 감히 짐작하건대 대령의 인생을 잘 알지는 못하지만 그의 살아온 인생이 누군가에게 경의를 받을 만큼 정성스러운 인생이었으리라 생각한다. 많은 선택이 내 과거의 반영이니 말이다.

1951년 김영환 대령이 지킨 팔만대장경이 2007년 세계기록유산으로 인정돼 그 가치를 인정받았고 약 10년이 지난 지금 그의 후손이 국가기록유산을 온전히 지킨 공로로 감사패를 받았다. 지금 해인사 입구에 가면 그의 공덕비가 있다. 해인사에서 2002년 김영환 대령을 기리고자 세운 것이다. 그 내용 중 일부를 옮긴다.

"여기 화살같이 흐르는 짧은 생애에 불멸의 위업을 남기고 영원히 살아남은 영웅이 있다."

생을 건 찰나의 판단이 그의 후손뿐만 아니라 대한민국의 모든 국민에게 자부심을 주었다. 고개 숙여 감사드린다.

10편

◆
◆
◆

독립운동에 바친 생애, 비극으로 마친 인생
"김명시 장군"

2019년 2월, 나는 늑골 골절로 병원 신세를 져야 했다. TV에서나 봤던 CT, MRI 촬영을 하고, 늑골 골절로 인한 심장손상을 알고자 심장초음파까지 해야 했다.

모든 검사 후, 나는 약 3주간 밥 먹고 화장실 가는 시간을 제외하고는 등과 침대가 일체형이 되어 누워있었다. 첫날 욕창 안내장을 주었는데, 누워 있어보니 그것을 서명한 이유를 알게 되었다. 골절 당한 첫날은 말하거나 웃기만 해도 뼈들이 춤을 추는 것처럼 아팠는데 의사선생님의 말대로 아무것도 하지 않고 가만히 누워 있으니 조금씩 고통도 감해졌다. 세상에 갓 태어난 신생아의 모습과 마음으로 보낸 날들이었다. 지금은 그 시간들을 지나 퇴원도 하고 일상으로 돌아가 글을 쓰고 있다. 감사할 따름이다.

병원에 있는 동안 100주년이라 하는 2019년 3.1절을 보냈다. 나는 그 시간에 '고문 휴유증'으로 형무소에서 사망하거나 평생을 장애인으로 살아야 했던 독립운동가들을 다시 보게 되었다.

어릴 때 역사수업을 좋아해 독립운동가들의 삶에 나름 관심있었고 다른 사람보다 지식적인 면에서 아는 것이 많다고 생각했는데 알고 보니 내가 안 건 껍데기였다. 일제시대 고문은 악랄하기로 유명하다. 유관순 열사가 당했다는 손톱을 뽑거나 귀와 코를 자르는 고문과 입에 차마 담기도, 생각조차 고통스러운 수많은 고문들, 이는 유관순 열사뿐만 아니라 많은 독립운동가들이 겪었을 것이다.

내 몸의 아주 일부인, 늑골이 2개만 부러져도 약 3주간 편안한 공간에서 가만히 있어야 나을 수 있는데 차디찬 감방에서 몽둥이로 온몸을 맞아 뼈가 부러지고 피를 흘려도 제대로 된 치료한번 받지 못해 생긴 '고문 후유증'을 나는 온몸으로 생각했다. 우리가 잘 알고 있는 박헌영 선생님은 심한 고문으로 정신착란 증세로 벽을 보고 이야기하거나 자기가 싸놓은 똥을 벽에 칠하거나 먹기도 하는 등의 정신이상 증세로 병보석으로 출감한 이야기도 있다. '고문 후유증'은 하나의 단어가 아니라 우리가 기억해야 할 고통의 역사다.

나는 이러한 사건들을 계기로 유관순, 김구, 윤봉길 등 드러난 공훈이 있는 사람들이 아닌 아직도 당시 독립운동 기록을 찾지 못하는 등으로 명예를 회복하지 못한 수많은 여성 독립운동가들을 찾아보았다.

전체독립유공자 1만 5511명 중 여성은 433명으로 전체의 2.8% (공훈전자사료관 2019년 3월 기준)에 해당하는 적은 숫자, 그리고 알려지지 않은 수많은 여성독립운동가들은 근거 기록이 없거나 명예를 되찾아주려는 후손이 없는 등 여러 가지 사유로 아직까지 외면 받고 있는 상황이다.

여성들의 독립운동은 어떤 형태로 이루어졌을까? 정운현 작가가 쓴

〈조선의 딸, 총을 들다〉라는 책에 보면 1919년 3·1혁명 이전에는 계몽운동과 국채보상운동 등이 주류였고 혁명기에는 만세시위를 주도한 유관순 열사, 수원기생 김향화 등이 있다.

그 이후에는 다양한 분야와 형태로 투쟁이 이루어진다. 노조활동, 의열투쟁, 근우회, 애국부인회 결성 등의 활동적인 투쟁. 그러나 독립투쟁의 대부분은 남성 독립운동가들을 뒷바라지하거나 임시정부의 안살림을 책임지는 등의 형태로 이루어졌다. 여성의 독립운동은 가정에서 며느리, 아내, 엄마로 시부모 봉양, 가사노동, 경제활동, 남편의 옥바라지 등을 감내하는 역할과 병행하여 독립군 군복제작, 선전지 작성 및 도피자 은닉 등 일상적이며 계속적인 형태였다. 남존여비사상이 강했던 그 당시, 여성들의 독립운동 행태는 '독립운동'이라는 관점보다 '남편을 지원하는 여성의 당연한 삶'으로 인식되었다. 그녀들은 누군가의 희생을 요구한 오래된 관습이었던 부창부수, 여필종부의 관점으로 여자가 남편, 아버지, 아들을 따르는 것을 당연하게 받아들였는지 모른다.

그러나 안타까운 건 100년이 지난 지금도 비슷한 실정이라는 것이다. 인식 개선이 상당부분 이루어졌다는 지금도 여성 독립유공자 현황은 빈약하기 이를데 없다. 밥을 짓고 옷을 만들고, 알려진 독립운동가의 도피처를 조성하고 청사 폭파를 위해 폭탄을 운반하는 행위들은 공식기록으로 남지 않은 경우가 허다하기 때문이다. 더하여 월북을 했거나 공산주의자였다는 이유로 많은 독립운동가들이 공훈을 인정받지 못하고 있다.

분단 체제의 폐해는 여전히 우리 일상을 지배하는지 모른다.

여성독립투쟁에 대한 내용을 다룬 정운현 작가의 책 중, 눈길을 끈 것은 필자가 살고 있는 경남 마산부 만정 189번지에서 1907년 태어난

'김명시 장군'에 대한 이야기다. 그분은 이 책 2장4편에 쓴 '약산 김원봉' 선생님의 인생과 비슷한 항일운동을 했고 약산처럼 마지막은 쓸쓸했다.

마산공립보통학교를 졸업하고 서울로 간 김명시 장군은 서울 배화고등학교에 입학하나 학비문제로 중도에 그만두고 모스크바에서 상해로 다니며 항일운동을 계속한다. 그러나 국내활동을 위해 본국에 입국한 뒤 얼마되지 않아 동지의 배신으로 불과 두 달 만에 체포된다. 이 일로 조봉암 홍남표 등과 함께 6년형을 선고받는다. 그분의 기록은 아니지만 조봉암 선생님의 감옥살이에 대한 증언은 다음과 같다. "추위고생이 제일 컸다. 떨다가 떨다가 지쳐서 잠든 사이에 얼어 죽으면 슬그머니 네모난 궤짝 속에 넣어서 파 묻었다." "자고 일어나면 사방 벽면에 오부씩이나 될 만한 두께로 하얗게 성에가 슬어서 마치 사명당의 '사처방' 같았다."

아마 김명시 장군도 이러한 상황을 똑같이 견뎠을 것이다. 7년 만에 출옥한 장군은 중국으로 건너가 항일투쟁 대열에 합류한다. 조선의용군에 합류해 최전선에 배치돼 선전전을 펼치고 해방까지 조선독립동맹 화북책임자, 북경책임자 등을 지냈다.

김명시 장군은 해방 후 전국부녀총동맹 중앙 대표이자 선전부위원으로 선출되는 등 활발한 활동을 전개하다 1947년 8월 '8·15 폭동사건'에 연루되어 수배되었다가 그해 11월 미체포 상태에서 기소중지가 되었다. 그러나 2년 뒤 1949년 동아일보에 "북로당 정치위원 김명시, 유치장서 자살. 수일 전 모종의 혐의로 부평경찰서에 구금 중이던 바, 지난 3일 하오에 자기 치마를 뜯어가지고 감방 천장 수도관에 목을 매어 자살하였다고 한다"라는 기사가 났다. 증언에 의하면 "자살이 아니라 고문치사일 것이다. 확고한 신념이 있는 사람이 쉽게 자살할 리 없다"는 이야기로 의혹도 제기되었다.

1946년 11월 '여류혁명가를 찾아서'라는 제목으로 나온 독립신보에 김명시 장군의 인터뷰가 나온다. 그분은 다음과 같은 이야기를 한다. "열아홉살 때부터 오늘까지 21년간의 나의 투쟁이란 나 혼자로선 눈물 겨운 적도 있습니다마는 결국 돌아보면 아무 얻은 것 하나 없이 빈약 하기 짝이 없는 기억뿐입니다." 평생을 나라를 위해 독립운동 하다 해 방된 조국에서 4년 만에 비참한 최후를 맞은 김명시 장군은 우리 현대 사의 비극을 적나라하게 보여주고 있는지 모른다.

시대는 변했다. 그러나 아직도 이러한 이야기를 꺼내는 것이 매우 조심스럽고 부담스러운 일이다. 분단체제는 지속되고 있고 이러한 나 의 말이 적극적인 행동으로 진행될 수 있을까? 자신할 수 없다.

그저 기록하여 기억하고자 할 따름이다.

11편
♦
⋮

엄마의 기록

  나의 엄마 이름은 '봉희(鳳熙)'다. '봉황의 기쁨'이라는 뜻으로 누구보다 웅장하고 아름다운 이름을 가졌다.

  그러나 역설적이게도 전영택의 소설 〈화수분〉처럼 그 이름과 반대되는 인생을 살아오셨다.

  어린 시절 원인 모를 통증으로 한쪽 귀가 잘 들리지 않았지만 병원 문턱에도 가지 못해, 보청기가 없으면 한쪽은 거의 듣지를 못하는 상태가 됐다.

  아들이 귀하던 시절, 딸 여섯을 두었지만 한 명의 아들도 낳지 못했다. 지독한 가난, 다정치 못한 남편, 어려운 시부모와 살면서 남편의 어린 동생들을 보살폈다. 어린 자식들은 배고프다며 울었고 남편은 술에 절어있었다. 새벽에는 남편 따라 농사를 지었고, 낮에는 남의 집 살림을 돕거나, 모텔청소, 식당 설거지를 하면서 돈을 벌고 밤이면 돌아와 시부모와 어린아이들 그리고 남편의 밥을 지었다. 일을 하다 팔을 다쳤지만 다음날 일을 하지 못할까 병원에 가지 못해 팔이 부러진 상태로 지냈다. 나이 들어 병원에 가보니 더는 방법이 없으니 이대로 살라고 의사는 권고했다.

지독한 가난과 어려움 속에서 울어대는 어린 자식을 버리고 가버릴까 고민도 했지만 한 정거장도 지나지 못해 고통의 시간으로 다시 돌아갔다. 엄마에게 즐거움이란 '자식들의 웃음' 그 이상, 이하도 아니었다.

나의 엄마는 그렇게 인생을 살았다. 내가 아는 것보다 더 고통스러운 인생이었지만 강하게 인생을 살아왔다. 지금은 그 지난한 인생을 지나 장성한 자식들과 추억을 회상하며 편안한 여생을 보내고 있지만 엄마의 기록은 내게 가장 무거운 역사다.

언젠가 엄마가 내게 자신이 쓴 일기장을 준 적이 있다. 나는 그 일기를 다 읽지 못했다. 소설로 썼다면 비극이었고 드라마에서 봤다면 막장이었다. 기록연구사로서 기록은 보존·활용되어야 한다고 수차례 강조하지만 내 엄마의 기록은 숨기고 싶었고 폐기하고 싶었다. 누군가가 본다면 그 기록으로 내 어린 시절이 추정될 수 있다는 것이 두려웠다.

엄마는 지금도 그러하시지만 어린 시절부터 책 읽기를 좋아했다. 그

엄마의 기록

소독 및 탈산

러나 "여자가 문장 될 거냐"는 외할머니의 타박으로 책도 숨어서 읽어야 했다고 한다. 습관적으로 그 어려운 와중에서도 일기를 쓰고 가난이 삶이었던 생활에도 매일 지출한 내역을 가계부에 적었다. 엄마에게 기록은 생존이고 본능이었다. 그리고 이제 그 남은 기록을 본인의 인생처럼 관리하기를 원하고 있다.

2018년 5월 개원한 경상남도기록원엔 많은 사람이 온다. 전시실 단체관람객의 경우 해당 실을 소개하며 안내해 드리기도 한다. 어느 날, 단체관람객의 안내를 하던 중, 관람객 한 분이 본인 시아버지가 20살부터 현재(80세 정도)까지 쓴 일기장을 가지고 계시고 앞으로 잘 보존해서 자손들에게 남기기를 원한다고 하시며, 어떻게 해야 안전하게 보존할 수 있는지를 질문하셨다. 우리 지역 분은 아니지만 소독과 탈산 작업 등의 설명과 함께 기록의 간단한 보존 방법과 관할 기록물관리기관을 알려드렸다. 이런 일들을 겪으면서 우리 주위에 많은 분이 〈조선왕조실록〉이나 〈일성록〉보다 더 가치 있는 '나의 기록'을 쓰고 남기고 있다는 것을 알게 되었다.

그리고 그분들이 기록원이라는 기관이 생기자 본인의 기록을 다시금 보게 되었으며 관리하기를 원하는 만큼 우리 원에 많은 기대를 하고 있다는 생각이 들었다. 나는 지난 몇 달간 글을 쓰면서 기록은 관리되어야 한다고 강조하며 도민들이 그것을 알기를 원한다고 말했다. 그러나 이런저런 일들을 겪으면서 전문적이지는 않지만 도민들은 기록이 관리되어야 한다는 사실을 본능적으로 인지하고 있었으며 안전하게 보존할 수 있는 정보가 필요하다는 것을 알게 되었다.

그렇다면 기록이 안전하게 보존되려면 어떻게 해야 할까?

우리 조상들은 기록을 온전하게 보존하기 위해 포쇄를 했다. 포쇄는 폭서(曝書)라고도 하며 책을 거풍(擧風·바람을 쐬는 것)시켜서 습기를 제거하여 부식 및 충해를 방지시킴으로써 서적을 오랫동안 보존하는 방식이다. 조선시대에는 실록의 포쇄를 매우 엄격히 하였으며, 포쇄하면서 점검하고 그 기록을 남기기도 하였다.

온·습도 조절의 경우 합천 팔만대장경을 예로 들어보자. 팔만대장경은 장경판전이라는 우수한 건물 덕분에 아직도 온전히 모습을 유지하고 있다. 장경판전은 통풍을 위하여 창의 크기를 남쪽과 북쪽을 서로 다르게 하고 칸마다 창을 내었다. 안쪽 흙바닥 속에는 숯과 횟가루, 소금을 모래와 함께 차례로 넣음으로써 습도를 조절하였다고 한다.

기록을 관리하는 지금의 전문관리기관에서는 오래된 책에 있는 진드기 같은 벌레들을 잡고자 소독을 하는데, 방법은 소독장비에 질소가스를 주입하여 기록물에 발생하는 유해충을 산소 결핍에 의해 질식사시키는 것이다. 그 후 탈산 처리를 하게 되는데 이 처리는 산성지의 열화를 지연시킬 목적으로 종이 내의 산을 중화시키거나 알칼리 완충제를 첨가시키는 것으로 이로 인해 3~5배의 종이수명이 연장되는 결과를 가져온다. 그 후 종이의 경우 18~22℃, 40~55%의 온·습도가 일정한 곳에서 보존하면 기록은 안전하게 보존된다.

과거와 현재, 기록의 관리방법은 다르지만 조상이 남긴 우수한 기록과 지혜로운 관리방법은 후손에게 온전히 전승되었다.

그러나 기록을 온전히 남길 수 있는 가장 좋은 방법은, 포쇄작업 등의 어려울 수 있는 방법보다 가진 기록을 스스로 정리하고 재구성해 도서로 만드는 작업이라 생각한다.

특히 연세가 많으신 분들에게 시간이 있다면 흘러간 인생을 정리하고 그 인생이 가치가 있었음을 다른 사람이 아닌 스스로에게 말 해보는건 어떨까? 그것이 잘되어 다른 사람에게도 인정받으면 그것은 덤이 되는 즐거움이 될 것이다. 내 인생은 그 자체로 중요하지 않은가!!! 일상의 기록으로 나의 인생을 이야기화(Sstorytelling·스토리텔링)해보자. 나의 기록을 온전히 보존하여 남기기를 원하는 마음은, 시간이 흐르면 다른 누군가에게는 기대할 수 없는 일이 될 것이다. 기록 보존을 위한 소독·탈산은 기회가 된다면 언제든지 할 수 있지만 내 인생의 스토리텔링은 스스로가 아니면 할 수 없다.

기록은 어린시절 할머니 무릎에서 듣던 따뜻하고 다정한 이야기다. 그 이야기는 누구나 만들 수 있다.

내 어머니 그리고 기록을 남기는 모든 사람에게 이야기의 즐거움이 함께하길 바래본다.

03장
지방기록원의 첫 걸음, 경상남도기록원
아카이브 경험하기

01편

경남의 종자보관소 '경상남도기록원'

내 먼 기억을 더듬어 보면 햇볕이 따뜻한 봄날, 어머니와 아버지는 겨우내 보관했던 씨앗을 빨간 고무다라이에 한가득 붓고는 물을 넣어 십여일 동안 그것을 정성스럽게 관리했다. 나는 그 물에 내 손을 담궈 씨앗을 잡아보기도 했고 나뭇가지로 물을 휘휘 저으며 놀다가 야단을 맞기도 했다. 씨앗이 담긴 투명한 물에서는 하늘, 감나무, 어머니, 아버지 그리고 나를 비추며 노란 싹이 피어났다. 시큼한 냄새가 나는 그 씨앗은 우리 가족의 생명이었다.

한 집의 생명이었던 종자가 인류의 생명을 담보하고 있다. 몇 백년이 흐른 후에도 어릴 적 내가 집에서 먹었던 밥을 우리 후손들도 먹기 위해 북극 노르웨이령 스발바르제도에 세계의 종자를 보관하는 곳이 있다.

북위 78도의 북극권에 있는 스발바르제도의 스피츠베르겐 섬이 있다. 북극점에서는 약 1,300km 거리다. 2008년 2월 26일에 공식 설립되었다. 모두 3개의 지하 저장고에 1,500만 종의 씨앗 표본을 보관할 수 있는 시설을 갖추고 있으며, 현재 세계 각국에서 보내온 약 450만 종의 씨앗을 저장하고 있다. 저장고 시설은 노르웨이 정부에서 비용을 지원하여 건설하고 국제연합(UN)산하 세계작물다양성재단(GCDT)에서 기금을 출연하여 북유럽 유전자 자원센터에서 운영·관리한다. 성서에 나오는 노아의 방주에 비유하여 '최후의 날 저장고'라 부르기도 하며, 2008년 타임지가 발표한 최고의 발명품 6위에 선정되기도 했다. 설립 목적은 기후변화, 핵전쟁, 천재지변, 자연재해 등으로부터 주요 식물의 멸종을 막고 유전자원을 온전히 보존하기 위한 것이다. 국가나 단체가 종자저장을 의뢰하면 저장비용은 원칙적으로 무상이며, 위탁자는 입고될 종자의 포장과 배송에 관련된 비용만 부담하면 된다. 운영비용은 빌&마린다 게이츠 재단을 비롯한 세계 각국의 정부와 NGO단체 등에 지원받는다. 해발 130m에 있는 영구 동토층 사암으로 형성된 바위산에 120m깊이의 지하에 저장 시설이 만들어져 있고, 씨앗은 영하 18도의 온도에서 밀폐된 봉투에 담겨 보관된다. 저장고는 지진이나 핵폭팔에도 견딜수 있을 만큼 견고하게 지어졌으며, 전기 공급이 끊기는 경우에도 일정 기간동안 자연 냉동상태가 유지될 수 있다. 우리나라에서도 2008년 6월9일에 아시아 최초로 한국산 벼·보리·콩·땅콩·기장·옥수수 등 국내작물 씨앗 5,000종을 입고시켰으며, 현재 15,000여 종의 씨앗을 보관하고 있다.(두산백과)

보관소는 지난 2015년 시리아 내전으로 인해 피해를 본 종자를 대체하기 위해 처음으로 종자샘플을 반출했다고 한다. 종자보관소 소장의 인터뷰(중앙일보/2015.12.26.)에 따르면 종자 다양성의 중요성에 대해 다음과 같은 답변을 한다.

"종자 다양성은 인류의 식량 위기에 대비하기 위한 것이다. 예를 들어 아일랜드에서 1845년 감자의 잎마름병이 유행해 100만 명이 굶어 죽었다. 주식으로 한 가지 종류의 감자만 심었기 때문이다. 그 뒤로 수백만 명이 이주하는 사태가 벌어졌다. 종이 단순하면 해충의 출현이나 기후변화에 쉽게 영향을 받을 수 있고, 최악의 경우 멸종될 수도 있다. 종자 다양성은 향후 미래 먹거리를 창출하는 데도 의미가 있다. 2100년 지구 인구는 110억 명으로 늘어난다. 이때 영양도 풍부하면서 빈곤층도 살 수 있는 저렴한 식량을 계속 공급하기 위해선 종자 다양성이 지켜져야 한다."

나는 스발바르 종자보관소 정보를 읽으면서 경상남도기록원을 생각했다.

우리나라는 세계기록유산목록에 많은 기록을 등재 할 만큼 으뜸가는 기록과, 그 관리의 전통도 어느 나라보다 깊은 공히 '기록의 나라'라고 일컬을 만 한 곳이다. 그러나 임진왜란, 일제강점기, 군사독재시절, 경제대국 건설을 위한 고난과 효율성의 시대를 거치면서 '당장' 중요치 않은 기록은 상당부분 멸실·유실·훼손되었다.

경상남도기록원 전경(좌), 경상남도기록원 기록보존실(우)

다행히 1969년 정부기록을 관리하기 위한 정부기록보존소가 생겼고 그 중요성을 감안하여 1999년 공공기록물법제정, 2004년 국가기록원으로 명칭을 변경, 정부기록과 국가적인 가치가 있는 중요민간기록을 관리하고 있다. 그렇다면 지방은 어떨까?

2006년 같은 법 전면개정으로 지방의 영구기록물관리기관 설립을 의무화했고 약 10년이 지난 2018년 5월 경상남도에 처음으로 '경상남도기록원'이라는 이름으로 지방(영구)기록물관리기관을 개원했다. 처음이라는 것은 영광이기도 하지만 어느 누구도 하지 못했던 것을 하는 것이기에 늘 의문과 도전이 따른다. 도민들에게도 생소한 곳이기도 하지만 '기록'이라는 보편성과 추상성으로 설립취지와 현실은 상충되고 비전의 실현이라는 미래지향적인 도전보다 설치에 대한 근본적인 의문은 사라지지 않는다.

경상남도기록원은 무엇을 실현하기 위해 경남의 땅과 도민 앞에 섰는가? 향후 몇 년간 당장의 가시적인 성과는 미미할 것이며 효율성을 말하기에는 그 논리가 빈약한 이 기관의 존재목적은 무엇일까?

나는 감히 스발바르의 종자보관소를 떠올린다. 종자의 다양성을 보존하여 지금 당장 사람을 살리는 것이 아니라 지구 최후의 순간을 대비하는 곳, 그런 큰 목적이 아니라도 내전이 일어나 식량난에 허덕이는 시리아를 돕는 것처럼 나도 당할 수 있는 위험에 대비하는 곳, 그곳을 나는 경상남도기록원과 동일하다고 생각한다. 국가의 시점에서 바라보는 역사, 기록, 정보를 관리하는 국가기록원과 달리 경남의 시각에서 경남에서 일어난 주요 사건을 정리하고 그것들의 기록을 관리하는 곳으로 향후 국가의 관점으로는 보존하기 힘든 경남의 정치, 경제, 사회, 문화 등 다양한 경남의 모습을 보존하고 전언할 것이다.

종자보관소처럼 보존이 중요하나 중요시점에 종자를 내어주는 것처럼, 기록원은 보유기록을 종자보관소보다 더 활발히 공개·활용한다. 또한 모든 종자의 샘플을 관리하는 보관소처럼 경남의 공공과 민간의 중요기록을 다양하게 수집하고 관리하기도 한다. 종자의 마지막을 함께하며 미래 혹 다가올 재난의 '食(식)'을 담보하는 곳인 종자보관소처럼 경상남도기록원은 경남의 다양한 기록을 보존·관리하여 경남의 마지막이 있다면 그 마지막을 기억할 것이며 새로운 경남이 있다면 경남의 친절한 동반자가 될 것이다. 또한 실패와 오욕의 역사를 기록하여 그것을 반복하지 않도록 지금의 경남을 성장하게 하고 설명하는 경남의 '住(주)'가 될 것이다.

요즘 나는 갓 초등학생이 된 아들과 바둑을 두곤한다. 아들은 학교에서 배운 바둑 실력을 나에게 전하며 오랜만에 바둑을 두는 엄마에게 열심히 훈수를 두는데 지난 토요일 다음과 같은 말을 했다. "엄마, 연결을 해야 돼, 바둑점마다 연결을 해야 힘이 세지고 상대편 바둑을 크게 잡을 수 있어." 나는 어린 아들의 이 충언을 새겨 바둑을 두었고 이기기도 했다. 사람도 연대가 중요하지만 세상의 변화도 연결이 필요하다. 그 연결은 사람의 입을 통해 전해지기도 하지만 그것은 기억 속에 변화되고 변형된다. 그러나 기록은 완벽하지 않지만 어제와 오늘 내일을 기록한 그대로 연결해준다. 그 기록을 관리하는 경상남도기록원은 경남의 어제를 기억하여 오늘을 설명하고 내일을 담보하는 연결통로가 될 것이다. 그러면 힘이 세지고 우리가 상상하는 그 이상의 것을 이뤄낼 수 있을 것이라 생각한다.

믿음, 소망, 사랑은 추상적인 단어나 그 실현은 상상을 뛰어넘는다. 효율성과 효과성만을 말하는 정부의 좌절을 목격했다면 함께하는 사회적 가치를 실현하는 지금, 추상적이며 효과를 산술적인 수치로 말하기 곤란한 그것을 한번 믿어봄이 어떠한가?

02편

◆
◆
◆

과거—미래 잇는 '기록문화' 곳곳에
퍼져 나가기를

　　　　　　　　　　　　얼마 전 모 대학 교수님과 통화를 한 적
이 있다. 그분은 지방의 기록을 수집하는 한편 중요한 기록을 상당수
보유하고 있는 분을 알고 있었다. 교수님께서 말씀 하시기로는 경상지
역의 중요기록을 많이 가지고 계신 분이 그 기록을 마땅히 보존할 장
소가 없어 지방의 대학교와 도서관에 기증(위탁)의사를 전했지만 일을
성사시키지 못하고 결국 서울권으로 기록을 보냈다는 말씀을 하셨다.
지역을 알리는 중요한 기록이 지역에 속하지 못한 점을 많이 아쉬워하
시며 기록관리라는 업무가 지역에서 활성화되지 못함을 진심으로 걱정
하셨다.
　이 이야기는 경남을 알고 이해하는 중요한 자료들이 상당수 경남 땅
을 벗어나 있다는 것과 곳곳에 숨은 '기록'의 달인들이 기록 '관리'에 많
은 어려움을 겪고 있을 것이라는 판단을 가능하게 해준다. 군이 중요

자료가 경남지역에 있어야 한다는 것이 고정관념일 수 있지만 경남의 중요자료가 이 지역을 벗어나 있다는 것은 그만큼 우리 지역에서 기록관리에 대한 관심이 적었다는 것을 방증하는 것이며 그것을 가지고 우리 지역 우수성을 알리는 작업 또한 할 수 없었음을 추론할 수 있다. 또한 지금도 곳곳엔 중요기록을 가진 달인들이 그 관리라는 분야에 어려움을 호소하고 있을 것이다.

2016년 옛 보건환경연구원을 리모델링하면서 경상남도기록원이 시작됐다. 기록관리 선진화, 기록문화 확산을 시작으로 대한민국에서 지방의 기록자치 시대를 여는 최초의 기록원이 만들어진 것이다. 경상남도기록원 설립은 10년 전 공공기록물법의 '지방기록물관리기관 의무화' 조항 이후 첫 사례이며 일상의 기록을 관리할 수 있는 가능성을 열어주었다.

그렇다면 기록원은 왜 생겼을까?

단순히 생각하면 법률에 따라 공공기관의 30년 이상 기록물을 수집·보존·활용하여 경남도민의 정체성을 확립하고 경상남도의 역사를 알리는 일을 수행한다. 그러나 이 문구가 모호하다 보니 해석은 중구난방이다.

혹자는 '기록' 자체의 보편성을 이유로 기계적인 이관과 확인만을 주장하며 이 일을 10여 년 해도 알 수 없는 기록과 역사를 단 몇 개월 만에 정리해버린다. 이 상황에서 만약 내가 그 말과 행동에 반하지 않고 그 뜻에 동조해 일을 해버리면, 굳이 즐거워야 할 내 인생이 '고민'이라는 시간과 '반대'라는 사건으로 일어나는 고통스러운 상황을 겪지 않아도 된다. 또한 '기록원이 왜 생겼는지, 무엇을 해야 하는지'를 생각하며 이 새벽에 굳이 일어나지 않아도 되는 것이다. 그러나 내가 그 즐거움을 마다하고 '기록'과 '관리'를 고민하는 이유는 일을 떠나 이제는 업이

돼버린 지난 10년의 기록관리 업무에서밖에 설명할 수 없을 것이다.

기록은 누구나 할 수 있는 일이다. 4살 된 나의 막내아들도 알 수 없는 글을 종이에 적으며 편지라고 들고 오니, 기록은 인간에게 본능이라는 생각이 든다. 그러나 그 기록에 '관리'라는 단어가 들어가면 어려운 숙제가 된다. 특히 관리해야 할 기록의 양은 방대하고 그 유형은 나날이 새로워지고 있다. 매일 연구하지 않으면 기록 '관리'는 앞서 말한 무례한 혹자와 같은 부류에 업신여김을 받을 것이다.

기록원은 기록관리의 '고민'을 공유하고자 만들어진 것으로 생각한다. 무엇을 생산하고 보존할 것인가? 이렇게 보존된 기록은 무엇을 위해, 누구를 위해 어떻게 활용할 것인가? 라는 기록관리 대상의 명확화, 기준의 설정, 목표의 구체화는 기록을 생산하는 자나, 관리하는 곳이나 함께 고민해야 하는 공동의 목표다.

흔하디 흔한 기록이 체계적인 관리를 만나게 되면 이순신 장군의 일기처럼, 민주열사의 열전처럼 귀중한 세계유산이 될 수 있다. 가치 없는 기록을 단순히 문자로 규정된 것이라는 이유만으로 남기고 보존한다면 활용은 생각할 수 없는 일이 될 것이다. 모든 기록을 남길 수 없는 상황을 받아들이고 기준을 만들어야 한다. 이것이 오늘의 기록원(관리)이 고민하는 목표가 아닐까 생각해본다.

나의 요즘 일상은 일신우일신(日新又日新)이다. 익숙해진 기록관을 떠나 무엇이든 새로운 기록원을 만나게 되었다. 또한 다종다양한 인간을 경험하고 있기도 하다. 도전하기를 좋아하는 뜻에서 일의 기쁨은 말할 것도 없지만 기록관리가 업이 된 입장에서 만난 다종다양한 사람은 기록의 일반화를 이유로, 스스로의 지식 범위에서 기록관리를 평가절하하며 규칙 없이 일을 처리하기도 한다.

변화하는 상황을 받아들이지 못하고 길 잃은 아이처럼 헤매기도 하고 엉뚱한 집에 들어가 초인종을 누르는 것 같은 경험도 있었으나 이 경험이 주는 발전은 기록원이 내게 주는 선물이며 앞으로 이 선물을 관리해야 할 나에게 이 외에도 있을 환경에 적응하는 맷집을 주는 것이라 생각한다.

기록원이 제 사명을 다해 도민에게 칭찬받을 때까지 우리 모두 노력의 경주를 멈추지 말아야 한다. 중앙에 집중된 기록관리가 아니라 지방에서도 스스로 기록을 남기고 보존하여 지역주민에게 도움이 되는 지방의 기록자치시대를 열어야 한다. 공공의 중요기록은 안정적으로 이관·보존되어야 하며, 민간의 기록(관)은 스스로 자생력을 가지도록 협력하고 지원하여야 한다. 모든 것을 흡수하는 청소기 같은 기록원이 아니라 기록을 관리하는 대상의 이해를 통해 경남 요소요소에서 진행되고 있는 기록의 문화가 확산할 수 있도록 협력해야 한다. 경상남도기록원은 이를 통해 기록의 힘을 실현할 것이다.

우리가 우리의 사명을 충실히 이행해 나간다면 더 많은 지방기록물관리기관이 생길 것이며 지금보다 더 나은 생각과 결과물을 남기게 될 것이다. 지금 하는 이 모든 일은 최선일 따름이며 정답은 아니다. 기록 '관리'의 '고민'을 공유하는 많은 사람의 끊임없는 대화와 협력을 통해 이 땅의 기록관리가 요소요소에서 꽃을 피우도록 노력할 것이다.

2018년 5월 21일 개원 한 경상남도기록원은 이것의 출발이지만 그 성공적인 결과는 우리 모두의 노력으로 완성될 것이다. 그 출발에 도민들의 응원을 요청한다. 나와 우리의 기록이 내일의 경상남도를 만들어 갈 것이다.

03편

❖
❖
❖

경상남도기록원,
자료보유량으로 따질 수 없는 가치

기록과 도서의 차이는 무엇일까? 한마디로 말하자면 '유일본'이냐 아니냐의 차이다. 공공기록물법에는 기록물이란 "업무와 관련하여 생산·접수한 문서"라고 말한다. 이는 "특정인의 감정과 지식을 제공"하는 도서와 또 다른 차이점이기도 하다. 이것을 기준으로 놓고 생각해본다면 기록은 공공기관에서 일하는 한정된 사람들의 업무행위의 결과로 생산되는 유일본이며 도서는 기관 등에 관계없이 누구나 자신의 감정과 지식정보를 제공하는 한정적인 계속본이다. 기록은 재생산되더라도 원본(진본)이 구분되나 도서는 원본(진본)을 구분 하지 않는다.

또한 기록은 원칙적으로 이관을 받고 도서는 구입을 한다. 구입은 돈을 주고 사는 것을 말하는데 이관은 그 절차가 꽤나 까다롭다. 기록관리표준에 의하면 이관이란 "기록물과 해당 기록물의 물리적인 보존

장소 및 관리 권한을 기록관리기관으로 이전하는 행위"를 말하며 특히 기관 대 기관으로 이관을 하는 경우 그 소유권 등이 넘어오기 때문에 단순히 물건(?)을 전달하는 것과는 차이가 있다. 때문에 관할 기록관 (도 및 시·군)으로부터 중요기록을 이관 받는 경상남도기록원은 인계하는 기록관이나 인수하는 영구기록물관리기관 모두에게 시간·노력·정성이 필요하다. 기록을 이관 받는다는 것은 그 기록을 생산한 기관의 업무 계획과 결과 지역민들의 요구사항과 증거자료 그리고 그들의 역사까지 이전하게 되는 것이다. 쉽게 이야기하자면 내 일기장을 타인에게 넘겨주는 것과 비슷한 일이다. 일기장에는 나의 수많은 생각과 정보, 감정, 관련자들이 포함되어 있기 때문에 일기장 한권 속에 각각의 내용 검토가 필요하고 그것을 향후 공개해야 할 경우, 어떤 부분을 공개하고, 공개하지 말 것인지에 대한 집필자의 생각이 반영되어야 한다. 일기장 1권 전체를 공개하겠다, 비공개하겠다 할 수도 있지만 그것을 판단할 때조차 작성자의 내용분석은 필수다.

기록도 마찬가지다. 공무원들이 흔히 기록을 정리할 때 사업별로, 주제별로 1권으로 묶어서 관리하게 된다. 그렇다면 그것을 이관할 때는 1권 안에 있는 다수의 사업들을 건별로 정리해야 하고, 그 건들의 수량과 공개여부를 결정해야 한다. 때문에 기록의 이관은 까다로운 법적절차를 거치게 되어 있다. 그렇다면 도서는 어떠할까? 비용을 지불하고 구입한다. 도서의 지은이는 공개를 원하는 내용을 넣었으니 그들의 공개유무도 가릴 것 없을 것이며, 그 안에 내용이 무엇인지를(물론 기본적인 검토는 필요하다) 건건이 살펴볼 필요성은 적다.

지난 2019년 3월 31일 모 신문사에서 "소장물 1만권... 기록물 없는 경상남도기록원"이라는 제목의 기사가 났다. 주 요지는 제목과 마찬가지로 기록물도 없고 찾는 사람도 없다는 것이다. 나는 "인력, 예산"의 어려움은 제외하고 이 지면을 빌려 기록관리의 원칙을 보다 쉽게 설명하고자 한다. 그 설명의 첫 부분으로 도서와 기록을 설명하였다. 도서관리는 쉽고, 기록관리는 어렵다는 말을 하는 것이 아니며 또한 도서와 기록을 인수하고 보존하는 것만이 그 기관들의 사명은 아니겠지만 사람들이 헷갈리기 쉬운 기록과 도서의 차이를 설명함으로써 기록이 갖는 속성에 대해서 쉽게 접근하고자 했다. 개인적으로 기록연구사와 사서를 헷갈려하는 사람들을 많이 보았기 때문에 그 또한 이 비유를 적용하고자 했던 이유이기도 하다.

경상남도기록원은 무엇을 하는 기관일까? 3장1편 필자가 작성한 "경남의 종자보관소 '경상남도기록원'"이라는 글에서 필자는 경상남도기록원이 스발바르 국제종자보관소처럼 경남이 사라지더라도 경남을 기억하게 하는 최후의 보루라고 말했으며, 그 효과가 산술적인 수치로 말하기 곤란하니 사회적 가치를 실현하는 지금, 한번 믿어보라고 적었었다. 기록관리가 이관량, 공개요구량 등 산술적인 수치로만 정량화되어 계산되고 효과가 입증된다면 기록을 관리하는 직원들은 도민 등에

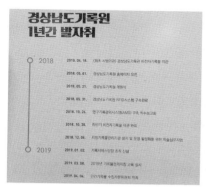

경상남도기록원 발자취(2018~2019년)

게 잘(?) 보이기 위해 현재 이용량만 생각하여 기록을 이관, 관리하게 될 것이다. 수치로만 계산된다면 수치가 늘어나는 것에 집중할 수 밖에 없다는 것이다. 물론 이것이 필요 없다는 것은 아니다 시민에게 필요한 정보(기록)를 제공하는 것도 기록물관리기관의 사명 중 하나인 것은 분명하기 때문이다. 그렇다면 경상남도기록원은 무슨 업무를 하고 있고, 해야 하는가?

첫째, 중요기록의 선별적인 수집이다. 이는 민간과 공공 모두를 포함한다. 현실적 한계가 있긴 하지만 법상으로 경상남도기록원은 경상남도 내 교육청, 도 및 시·군, 공사·공단, 출자·출연기관을 관할하게 된다. 현실적인 한계 때문에 관리가 유보된 교육청과 공사공단, 출자·출연기관을 제외하고 도 및 시·군의 중요기록물은 130만권 이상이며 현재도 계속 생산되고 있다. 그러나 수용량은 한계가 있다.(이는 타 영구기록물관리기관도 마찬가지라 생각한다) 모든 중요기록을 이관 받을 수 없다면 선별적 이관을 해야 한다. 좁게는 미래 100년만 바라보더라도 도민의 현실적인 필요에 의한 기록뿐 아니라 경남이라는 공간이 기억되어야 할 자료를 선택 이관해야 한다. 민간기록 역시 어떠한 것이 우리가 보존하고 남겨야 하는 것인지를 명확히 정의하는 것이 필요하다. 때문에 민간기록물 관련 규정을 제정하고 자문위원회를 구성해 불필요한 민간기록이 수집되지 않고 중요한 민간의 기록이 수집·보존되도록 하여야 한다.(경상남도는 이옥선의원 발의 조례로 "민간기록물 수집 및 관리에 관한 조례"를 2020. 2. 6일에 공포·시행하였다.) 욕속부달(欲速不達), 늘 견지해야할 단어다.

둘째, 기록을 '관리'하는 일이다. '관리'에는 무엇이 필요할까? 공공기관에서 생산하는 기록의 성질과 유형을 파악해 "생산해야 하는" 기록을 정의하고 기준을 제시하는 것, 예컨대 도민이 알아야할 내용이 공공기관에서 생산되지 않고, 생산된다하더라도 관리되지 않을 경우 그 생산과 관리를 강제하는 것이다. "중요회의의 녹취록(속기록)지정" 같은 업무가 그 사례이다. 또한 기록관리의 흐름이 원활 할 수 있도록 체계를 정비하고 점검하는 것, 기록관리가 일상화 될 수 있도록 교육 하는 것, 책임권의 소재가 모호하는 등의 이유로 갈 곳 없는 기록을 받아드리고 관리하는 것, 공공기관의 업무를 분석·표준화하여 모든 기록의 생애주기를 관리하는 것 등 '관리'의 유형은 끝이 없다.

마지막으로 이관한 기록을 안전하게 보존하고 서비스하는 일이다. 기록의 수집은 시작이고 서비스는 마지막이며 또 다른 시작이다. 수집과 서비스가 잘 되기 위해서는 기록이 안전하게 보존되어야 한다. 이를 위해 소독, 탈산을 하고 재난을 대비한다. 또한 훼손된 중요기록을 복원하는 등의 업무도 병행하게 된다. 안전하게 보존된 기록이 도민에게 보다 쉽게 활용되기 위해 보유기록을 재구성해 편찬하고 서비스한다. 서비스의 방식과 유형은 시대의 흐름에 따라 다양해져가고 있고 앞으로 우리가 생각지도 못한 형태로 이루어질 수 있다. 이 '생각지도 못한 형태'를 위해 기록원 구성원들은 기록관리의 주경야독을 실천하고 있다.

물과 공기와 같이 흔한 기록은 우리의 일상을 지배하고 우리는 그것을 당연히 받아들이곤 한다. 때문에 일상성이 갖는 특수성을 외면하는 지도 모른다. 흔하디 흔한 물과 공기가 현재는 공해와 오염으로 그것을 걱정해야 하는 지경에 이르렀으니 말이다. 당연한 것들을 경각심을 갖고 관리해 왔더라면 공기와 물을 사먹는 지경에 이르지는 않았을 것이다. 어디에나 존재하는 기록은 그것을 관리하는 사람들의 사명감만으로 유지되지는 않는다. 때문에 사명감을 가진 누군가가 그것을 이해할 수 있도록 끝임 없이 이러한 말들을 주저리 주저리 하는지 모른다.

경상남도기록원에는 기록이 없는 것이 아니라, 그것들이 '잘' 수집·보존되고 활용되기 위해 오늘도 불철주야 노력하는 사명감을 가진 구성원과 실제 수집된, 수집되지 않은 수 만권의 관리대상 기록이 있다. 무관심보다 악플이 낫지만 응원이 힘이 되는 경우가 더 많다. 도민들의 과거·현재의 삶을 미래에 잘 전달하겠다. 인내심을 가지고 지켜 봐 달라. 기대 이상으로 성장 할 것이라 확신한다.

04편

아메리카와 그랜져
미국 대통령 기록관은 '각자'를 '우리'로 잇는다

　　　　　　　　내 어릴 적 소망은 아메리카(당시 혼자서 부른 미국명칭)에 가는 것과 그랜져를 사는 것이었다. 당시 어린 내 눈에 현실의 부자들은 그랜져를 타고 다녔고 티비에 나오는 부자들은 미국에 가거나 미국을 찬양했었는데, 아마 그 영향이 아메리카와 그랜져라는 소박한(?) 꿈으로 이어졌던 것 같다.

　결국 중년의 나이에 접어들기 전, 그 소박한 꿈은 이루어졌다. 물론 내가 하고 있는 일을 하기 위해 가는 길이었지만 목적도 없이 꿈꿨던 아메리카 탐방은 그렇게 시작되었다. 미국에 대해 알고 있는 나의 기본적인 인식은 위험하고(총기사고, 테러), 치열하거나 합리적인 곳이라는 것과 기록관리 분야에서는 어느 나라보다 기록의 수집·공개에 열성적인 곳이라는 것이다. 이는 필자가 2018년 경남도민일보에 기고했던 '미 국립 아카이브(NARA)'를 보면 단편적으로 그 내용이 나와있다. 이 글은 미국 탐방에 대한 다큐가 아니다. 기록관리 기관 관계자들과의 만남에서 사실관계를 정확하게 파악할 만큼 언어사용이 원활하지 못했고, 내가 그곳을 안다고 말하기에는 스스로가 부족하다는 것을 깨닫고 왔기 때문이다. 때문에 이 글은 그림을 보면서 강렬한 전율을 느낀 사람의 감정을 활자화한 것과 같다고 생각하시면 된다.

미국에서 가장 많은 본 단어는 freedom, liberty, equal, justice이다. 미국도착 첫날 본 것은 'state of liberaty(자유의 여신상)'이었고, 한국전쟁 참전용사기념관'의 문구에도 'Freedom is not Free'라고 적혀있었다. 특히 주요방문지였던 국립문서기록관리청, 루즈벨트 대통령기록관에서는 이 단어들에 대한 내용이 세부적으로 기술되어 있었다. 이미 세계적으로 '자유의 나라'라고 일컬어지는 미국이라는 나라의 정신을 모으는 곳인 기록관련 기관에 '자유'라는 단어가 지속적으로 등장하는 것은 그들의 자유가 'Freedom is not Free' 로부터 기인한 것이 아닌가라는 생각이 들었다.

미국 국립기록관리청(National Archives and Records Administrtion)(이하 "NARA"), 우리나라로 보면 국가기록원과 같은 곳이 있다. 두 곳의 청사가 있는데 1934년 설립한 1청사와 1994년 세워진 제2청사다. 나는 제2청사를 먼저 방문해 관계자와 해당 기관의 기록관리 업무절차에 대한 브리핑을 듣고 간단한 질의응답과 시설관람을 했다. NARA의 기록을 수집하기 위해서는 신분증 발급과 간단한 안내사항을 숙지해야 한다. 원하는 기록을 검색, 요청하면 1시간 정도 후에 기록이 나오는데, 이용객들은 그것을 복사하거나 스캔하는 등 자유롭게 이용하고 있었다. 세계에서 몰려든 수 십명의 사람들이 진지하게 각자의 목적을 수행하고 있었고 우리나라에서도 국가기록원과 국사편찬위원회에서 한국관련 자료를 수집하고 있다.

NARA 2청사는 화려하지 않았다. 전시실도 소박했고 기록에 대해 더 알려주기 위해 애쓴 흔적은 많지 않았다. 기록을 수집하기 위해 방문한 사람들이 쉽게 기록을 찾을 수 있도록 각종 기기를 비치해놓았고 안내원들이 곳곳에 상주하여 기록의 수집을 위해 도움 주고 있었다. 또한 기록을 무단반출 할 수 없도록 곳곳을 지키는 보안요원들과 기본적인 신체리듬을 보장하는 식당과 화장실, 휑하기까지 느껴지는 로비를 보며 이 기관은 '기록'으로 존재를 설명하고, 기록이 없다면 설명이 불가능한 곳이라는 생각이 들었다.

결국 핵심은 '기록'이었다.

두 번째 방문한 제1청사는 건물자체가 매우 아름다웠고 건물만으로도 고개를 숙이게 하는 위용이 있었다. 나는 이 곳에서 서두에 말한 자유(Liberty), 권리(Right), 정의(justice) 등에 관한 전시를 보았다. 내용은 자유를 위해 이민을 온 사람들이 만든 미국, 그리고 그 자유와 평등을 현실화하기 위한 노력들, 흑인차별에 대한 투쟁, 여성의 권리 등에 관한 것이었다. 자유의 상징처럼 보이는 미국은 그 어느 나라보다 '자

NARA 제1청사 전경

루즈벨트 대통령이 어릴 때 살았던 집
(루즈벨트 도서관은 루즈벨트 대통령
생가 내 있다.)

유'를 열망했고 그것을 지키기 위한 시간들을 존중했다. 또한 그들이 지나온 그 길을 어린아이들에게 교육하고 있었다. 그 아이들을 보면서 그들의 자유, 평등, 정의라는 보편적 가치는 점점 단단해 질 것 같다는 부러운 생각이 들었다. 내 어린시절을 생각해보면 '잘 살아보세'나 어떻게 하면 잘 살 수 있는지, 어떻게 해서 이만큼 잘 살게 되었는지를 알려주는 것들만 많았던 것 같은데, 지금은 어떨지 궁금해졌다. 나는 어린 시절 교육으로 지금도 '잘' 살고 싶은 마음이 크다.

자유와 평등이라는 보편적 가치는 오랜만에 먼 타국에서 발견한 강렬한 기록이었다.

뉴욕주립아카이브는 도서관, 박물관, 기록관이 함께 모여 있는 건물로, '라키비움'이라 불리는 공간이다. 토요일임에도 불구하고 관리자들이 환대를 해 주었고 그들은 그들의 이야기뿐 아니라 우리의 이야기도 듣길 바랬다. 원하는 것은 적극적으로 지원해 주었고 그들의 보존시설도 친절하게 안내하고 가장 오래된 기록도 거리낌 없이 열람시켜 주었다. 한국관련 기록은 영화대본이 대부분이었지만 퀸스 대학에 가면 한국관련 기록이 있다는 친절한 설명도 해주었다. 토요일이라 많은 것을 보지 못했지만 이곳에도 기록을 찾는 사람들이 곳곳에 상주하고 있었다.

처음 그곳을 방문했을 때 공원에 왔다고 생각했다. 루즈벨트 대통령이 살았던 고향이고 집이라고 하는데 어림짐작 창원마산 야구장만한 크기의 기록관이었다. 우스개소리로 같이 간 지인과 우리 아들도 여기서 키우면 대통령이 되겠다는 이야기도 했다. 미국은 현재 13개의 대통령기록관이 있고 국가 지원을 받고 있다. 기록관은 지지자들에 의해 설립되고 NARA에 기탁 후, 연방정부의 예산으로 국가기록관리정책에 따라 운영되고 있었다.

회의장, 기록열람·보존공간, 전시관, 대통령이 살던 집 등으로 구성되어 있는 대통령기록관은 필자가 방문한 날에도 많은 시민들이 그들의 대통령 이야기를 듣기위해 모여 있었고 일부는 나무그늘 아래에서 느긋하게 휴식을 취하고 있었다. 전시실은 루즈벨트 대통령 재임기간 동안 있었던 사실관계들을 시대별로 설명하고 있었는데, 루즈벨트 대통령 재임기간(1933~1945년)은 제2차 세계대전, 우리나라의 일제강점기 시대와 맞물려 있던 시기였다. 때문에 기록관 내부에 일본과 전쟁(태평양전쟁)에 대한 내용도 영상이나 글로 전시되어 있었고 미국의 자유, 평등, 정의에 대한 내용을 부분적 테마로 설명, 시민들에게 교육하고 있었다.

내가 본 루즈벨트 대통령기록관은 인근 지역주민에게는 휴식의 공간, 그를 공부하는 사람들에게는 연구와 학습의 공간, 그를 지지하는 사람들에게는 추억의 공간 같았다. 우리에게도 이런 기록관이 있으면 많은 사람들에게 혜택을 누릴 수 있을 것 같았고 이런 공간들이 일반화되어있는 미국의 기록문화에 대해 부러운 마음도 들었다.

대통령기록관(도서관)에 대한 내용으로, 도서관연구소 웹진(2010. 7.16.) 이 발행한 '미국대통령도서관법 1986'에 보면 다음과 같은 글이 있다. "대통령도서관은 역사적 진실을 생생하게 재연하여 시민·학생들에게 미국역사의 진수를 전달하는 역사교육기관으로, 사회적 통합과 미국적 정체성을 형성하는 중요한 공공시설로서 가치를 인정받아왔다. 특히 NARA예산의 16%를 차지하는 대통령기록관 방문자가 NARA 전체 방문자의 63%를 차지하고 있는 점은 대통령기록관에 대한 대중적 관심과 공공적 임무의 중요성을 명확히 확인시켜주고 있는 사항이다."

건립의 형태가 어떠하든지, 노무현 전 대통령을 지지하든 박근혜 전 대통령을 지지하든 기록은 진실을 증언하는 사실로써 기능할 것이다.

또한 대통령기록의 체계적인 관리와 효율적인 공개시스템을 갖춘 기록관은 연구자들에게는 당대사를 깊이 있게 다루는 학문의 공간으로, 현 권력자들에게는 그들의 공과도 언젠가 낱낱이 기억될 것이라는 두려운 공간으로, 시대를 함께한 사람들에게는 추억의 공간, 반성의 공간, 휴식의 공간으로 사용 될 것이라 생각한다. 나 어릴 적 미국탐방에 대한 소원은 이렇게 끝이 났지만, 더 많은 과제와 소망을 안겨주었다.

또 다른 소망이 시작된 것이다.

05편

◆
◆
◆

국가기록원에 보존중인 경상남도기록물
'조상 땅 찾기'문서에 독립운동 유공자 명단도

　　　　　　　　　　나는 지금부터 아주 재미없는 이야기를
하려고 한다. 그것은 '국가기록원에서 보존 중인 경상남도 기록의 현황
과 내용'이 될 것이다. 기록에 대한 주제를 도민들이 알기 쉽고 재미있
게 쓰도록 한 목적에도 불구하고 이 지루할 이야기를 하는 이유는 우
리 경남의 중요기록이 무엇이 있는지 도민들이 알면 좋을 것 같다는
생각 때문이다. 알아야 기록을 활용할 수 있고, 어쩌면 찾지 못한 우리
의 권리도 찾을 수 있기 때문이다. 또한 이것으로 인해 기록의 중요성
을 더 알아가는 계기가 되길 바라는 마음도 있다.

　지금부터 나열되는 수치들은 다큐멘터리를 보시듯 읽으시면 된다.
가끔 정우성, 김남길 배우가 했던 것 보다는 약하지만 나레이션도 나
오니 그리 지루하지는 않으실 듯하다.

　국가기록원에 현재 보유하고 있는 경상남도기록물은 235,593권이

다. 이 기록물들은 2007년 이전(지방기록물관리기관 설치 의무 규정 제정 시기)까지 경상남도에서 생산한 30년 이상 중요기록물로, 우리 도에서 당시 영구기록물관리기관이었던 국가기록원으로 보낸 기록이다. 생산기관은 경상남도뿐만 아니라 시·군, 교육위원회 등이 있다.

보존유형별로는 관인류, 녹음·동영상, 도면류, 사진·필름류, 일반문서, 카드류, 행정박물류다. 다른 것들은 단어만으로 의미가 통할 거라 생각하지만 행정박물류는 모르시는 분이 많을 듯 하여, 부언하자면 공공기록물법상 용어로는 "공공기관이 업무수행과 관련하여 생산·활용한 형상기록물로서 행정적·역사적·문화적·예술적 가치가 높은 기록물"이다. 예컨대 기관 간 교류로 선물 받은 도자기나 관인, 명패, 현판, 기관장이 즐겨 사용한 볼펜 등 형상 있는 기록을 말하며, 지난 2007년 제주도에서는 옛 대통령 제주공관을 행정박물로 등록하기도 했다. 참고로 기록이라 하면 일반적으로 문서만 생각하지만 기록은 문서보다 상위개념으로 문서, 행정박물, 카드, 시청각, 전자문서 등 정보를 가지고 있는 것들의 총합이라 생각하면 된다.

보존기간으로 구분하면 30년 기록이 1,209권(0.5%), 준영구 기록이 54,458권(23.1%), 영구기록이 179,925권(76.4%)이다. '보존기간'이라는 용어는 "조국장관의 딸 봉사상 기록 보존기간"관련 보도로 유명해진(?) 단어다. 공공기관에서 생산된 기록은 생산과 동시에 사람과 달리 가(假)일몰시기를 정해서 태어나는데(물론 이 이후에도 여러 번 보존기간 재책정의 기회는 있다) 일몰시기의 유형이 1년, 3년, 5년, 10년, 30년, 준영구, 영구 7종의 보존기간 중에서 정하게 된다. 이 중 30년 이상 기록은 오랫동안 보존하여야 하기 때문에 국가기록원이나 경상남도기록원 같은 영구기록물관리기관에서 보존하게 된다. 참고로 준영구기록은 생산된 후 70년이 지난 후에 재평가를 하여 보존(폐기)여부를 결정하게 되고, 조국장관의 딸 봉사상 기록보존기간은 국가기록원에서 입장문을 내놓았으니 참고하시면 될 듯하다.

　국가기록원에서 보존 중인 경남 기록물의 생산연도는 1910년부터 2007년이다. 2007년 이후에 검색되는 기록은 국민장(國民葬), 분향소 관련 기록물로 국가기록원에서 특별히 수집이 필요하여 이관된 기록이며 그 외에는 정부간행물로써 현재도 법적으로 계속 국가기록원(중앙기록물관리기관)으로 보내지고 있는 기록이다. 원본의 소장위치는 235,593권 중 230,476권이 부산역사기록관에서 보유하고 있다. 나머지는 성남, 서울, 대전기록관에 분산·보존되어 관리되고 있다. 문서의 형태로 보면 일반문서(96,056권), 카드류(131,975권)가 거의 대부분의 기록을 차지하고 있고 이 중 전산화(종이기록을 스캔파일로 변환)한 비율은 약 2.3%된다.

　기록의 내용은 국가기록원이 구분한 79개의 기술로 분류되어 있고 이중 151,577권이 농지개혁 및 토지관계, 폐쇄대장, 보상대장, 공유지연명부, 지가증권대장, 환지계획인가서 등이다. 이 기록은 '조상 땅 찾기'같은 내용으로 시민들이 관심을 가졌던 기록이며 국가기록원에서도 정보공개요청이 가장 많이 들어오는 기록이기도 하다.

국가기록원(부산기록관)

등급별로 관리되는 기록

지금부터는 심호흡을 한번 하고 읽으시길 권장한다. 단어와 수치가 계속 나열될 것이기 때문이다.

15만권 이외 8.3만권의 기록은 건축허가, 도립병원신축관계, 청사설계도면, 진양호관광개발사업소, 건축물 관리대장 등의 건설건축관계 기록(17,565권), 자치법규, 조례규칙, 행정심판관계, 판결문 등 법무행정기록(8,462권), 고분발굴, 유적발굴, 진주향교보수공사, 문화재현상변경, 문화재위원회 등 문화재보존관리기록(6,145권), 농지전용허가, 수리조합관계, 용수개발관계, 토지개량사업, 농지전용협의, 국토이용변경협의 등 농지관리 기록(4,267권), 도로공사, 수해복구, 통영해저터널관계, 가로등관리 등 도로교량관리 기록(4,234권), 도시계획, 온천허가, 오지개발 10개년계획, 골프장관계, 국토이용변경결정 등 지역 및 도시개발 기록(4,439권), 농업용수, 비료제조영업허가, 배수펌프장설치 등 농업기반시설관리 기록(3,490권), 의회회의록, 의안처리관계서류, 도시건설위원회 등 의회관계 기록(3,490권), 인감대장, 거창사건관계, 도조직개편, 읍면동구역변경 등 자치 행정기록(1,156권), 하천부지교환 상습수해지구개선, 하천정비기본계획, 소하천정비공사, 하천정비지원 기록(2,204권), 환경보존계획, 환경영향평가, 산업폐기물처리시설 설치공사, 하수처리장, 환경보존관리 기록(2,926권), 도유재산매각, 공유재산처분, 도유재산대부관계, 압류등기 말소서철 등 재산기록(3,131권) 인사관계, 징계의결, 비정규직보수 등 인사관계 기록(1,238권), 농지개량사업, 산지개발사업, 농어촌개발, 화전정리 등 농림진흥 기록(1,549권)이다.

그 외 도정자문위원회, 국토종합개발계획공청회, 경남개발연구원 설립, 도립전문대학 설립, 경남탄생100주년기념사업, 도민의 날, 국토계획, 울산광역시 인수인계, 주요업무계획 등 도정 주요정책 기록이 있고, 관광기본정책방침 등 관광사업관리, 국제교류협력, 문화사업 등 다양한 기록들이 있다. 시대를 살펴볼 수 있는 기록으로는 가족관계 시술대장, 피임시술대장, 불임 루우푸 시술사업 등 가족시책에 관한 기록이 있으며 3.1운동유족관계, 독립운동 유공자 명단, 유골명부, 위안부관계, 양민학살진상조사, 여성특별위원회 등의 역사적 기록도 있다. 그 외 산업단지 조성, 산업단지개발, 새마을소득, 새마을편입부지 보장 등기, 조선사업 변경결정, 조선사업 등록 등의 경제발전에 관한 기록들도 보인다.

그리고 현재 국가기록원 홈페이지에서 원문을 공개하고 있는 독립운동판결문 중 경상남도에 주소지나 본적지가 있는 도민의 수는 793명이며 일제강점기 피해자 중 피징용자는 94,086명, 3.1운동 피살자는 143명, 관동대지진 피살자는 161명이다. 경상남도 도민 기록만(서두에 밝힌 전산화한 기록 포함) 압축해서 보고 싶으시면 경상남도기록원으로 문의하셔도 된다.

특이할 만한 점은 보유기록 중 1900년, 1903년 기록이 있었으나 의심스러운 점이 있어 국가기록원에 연도의 정확성을 문의하니 모두 1980년대 이후 기록이었다. 담당자는 이 사안에 대해 "경남에서는 중요한 기록일 수 있으나 우리에게는 수십 만 건 중에 하나"라고 답변했고, 이 답으로 국가기록원에 보유한 경상남도의 기록 중 가장 오래된 기록의 연도는 바뀌었다.

진정한 기록의 힘이 무얼까 생각해본다. 출발은 중요기록 확보에 있을 것이고, 그 끝과 또 다른 시작은 정보공개 일 것이다. 중요 기록이 있어야 공개를 하고, 공개를 해야 중요 기록도 있기 때문이다.

지금까지 지루하게 이야기한 기록 다큐멘터리는 경상남도의 중요기록을 거시적으로 공개한 거친 내용들이다. 기회가 된다면 이 기록들을 풀어헤치고, 데치고, 잘라서, 도민에게 알맞게 요리한 후 공개하는 순간들도 있을 것이다. 그 때 그 글들은 이보다 재미있는 기록 다큐멘터리가 될 것이고 그 속에는 김남길, 정우성 배우보다 멋진(?) 나레이션도 있을 것이니 기대하셔도 좋다. 참고로 수치는 변경될 수 있음을 알려드린다. 글을 마무리하는 이 순간에도 오류였다는 전화를 받고 있으니 말이다.

06편

❖
❖
❖

법대로 해보는 지방아카이브의 기록관리

성격상 뭐든 처음은 원칙대로 하는 편이다. 원칙대로 하면 "어려울 것 같다" "분란이 생길 것 같다" 이런 주변의 우려는 가능한 귀담아 듣지 않는다. 편협적일 수 있지만 우리나라는 '법치국가'가 아닌가? 법은 우리가 지향해야 할 최상의 이상이며, 시민들에게는 최소한의 상식이다. 나는 그 '법'이 지향하는 이상을 실현해보고 싶었다.

경상남도기록원에 발령받은 후, 가장 먼저 한 일은 '기록을 이관'하는 일이었다. 기록을 인수받는 것은(기록관에서 수행한 이관과정은 생략한다) 단순이 물리적으로 기록을 옮긴다는 뜻은 아니다. 또한 기록관에서 주는 기록을 기록원에서 수동적으로 받는 것도 아니다. 지방기록원은 관할 기관의 '기록'에 대한 권한을 가져야 하고, 중요기록을 선별적으로 보존할 의무가 있다. 기록관에서 보존하고 남은 기록을 받는 것이 아니라, 그 지역에서 적어도 100년은 두고 볼 기록을 보존하여 지역민에게 제공해야하기 때문이다. 때문에 기록관의 보존목록을 받아 1차적으로 선별하는 것이 필요하다. 지방기록물관리기관 설립이 의무화된 2007년 이후 국가기록원에서는 지방기록을 받지 않겠다는 원칙아래 약 10년간 중요기록들은 기록관에서 보존되어(기록관은 30년 이상 중요기록물을 평가·폐기할 수 없고 온전히 보존하여야 한다) 적체가 심화된 상태였다. 적체가 심화되었다는 것은 일선 기록관 서고 면적을 추측컨데 부서의 중요기록을 이관 못해 기록의 목록통계가 바르지 않을 수 있다는 가능성이 있다. 또한 국가적으로는 아니지만 지역적으로 중요한 역사적 기록들, 특히 1945년 이전 기록들이 관리되지 않고(소독·탈산 등의 조치) 보존되고 있을 가능성도 매우 높다. 때문에 경상남도기록원에는 우선적으로 1945년 이전 기록을 선별했고 관련교육을 실시하고 기록관과 기록원이 상호 이관협의(비치기록물 등의 이관연기사유 발생으로 협의는 필요함) 후 확정하기로 했다. 이관대상 기록은 법대로 건수, 쪽수를 적도록 했고, 공개여부 구분 및 비(부분)공개인 경우 사유작성, 비(부분)공개 기록 재분류 수행 등을 요청했고 그 후, 1차로 철별 (가)인수·인계를 실시하고, 2차로 건별 이관완료 통보를 하기로 했다. 철저하게 법에서 제시한 내용을 그대로 이행했다.

이관을 하면서 여러 가지 문제들이 발생했다. 이관대상 목록과 전혀 다른 목록을 제시한 기관도 있었으며, 공개재분류를 수행하지 않고 무조건 '비공개'로 처리한 곳도 있었다. 그 당시 나름 사명감이 강해 '파이터' 노릇을 했는데, 상황이 상황인지라 지면을 빌어 이해를 구한다. 그러나 법대로 업무를 수립하면서 고생도 했지만 관할 기록관 중 한 곳은 원칙대로 한 '건별, 공개재분류' 업무 덕분에 세계기록유산 등재를 추진하고 있는 기록(거제포로수용소) 중 공공기록을 찾을 수 있었다.

해당 기록의 기관부서담당자가 관련 기록의 공개여부를 검토하는 과정에 동 기록에 한자가 다수 있어 해독을 못하고 있다가 기관 연구사에게 문의하니, 연구사가 읽어보고 이건 남다른 기록이라 판단, 거제포로수용소 관련 업무를 자문하는 교수에게 넘겼다고 한다. 그 후 교수님이 해당 자료가 거제포로수용소 관련 기록이라 판단했다. 동 기관 연구사님은 그동안 공공기록에서는 거제포로수용소 관련 기록이 없었는데 이번에 찾게 되었다고 했고, 나는 이것을 법대로 수행한 업무의 '장점'이라 억지로(?) 끼워 맞춰 가끔 홍보하고 있다.

또한 지방기록물관리기관의 서고는 법적 요건을 거쳐야만 기록을 받을 수 있다. 법정 유해물질 7항목(미세먼지, 이산화황, 산화질소, 오존, 포름알데히드, 일산화탄소, 휘발성유기화합물) 과 조도를 맞추어야 했으며 기록의 유형에 따라 온·습도가 알맞도록 해야 한다. 시설을 관리하는 동료들은 서고 베이크아웃 조치와 휘발성유기화합물 제거를 위해 많은 노력을 했다. 이론적 조처인 온도의 급격한 변화를 통한 유해물질 배출과 비이론적이기는 하나 숯, 커피, 양파를 서고 군데군데 놓아 오염

경남도민일보 기사(2018. 11. 22.)

기록을 관리하는 기록연구사

물질을 배출하기 위한 눈물겨운 노력을 했다. 이것이 '눈물겨운'것은 나는 그들이 양파껍질을 벗기면서 흘린 눈물과 매일 그것의 배출을 위해 노력하는 모습을 봐왔기 때문이다. 혹여 이것을 비웃을 수도 있겠지만 내가 지면으로 드러내는 것은 우리 모두는 기록원을 향한 '정성스러움'이 대단히 컸다는 것을 알리고자 하는 것에 있다. 또한 이것 때문만은 아니겠지만 여러 가지 정성으로 지금 서고는 안정된 상태로 유지되고 있음을 알리고 싶다.

기록을 인수하면 당일 철목록을 확인하고 훼손기록여부, 편철상태 등을 살펴보고 즉시 교정할 수 있는 것은 교정하고 교정이 안 되는 것은 반송시키거나 철 목록에서 제외시킨다. 그 후, (가)인수·인계서를 교환하고 이후 정리단계를 거쳐 건 목록 확인 후 최종 인수·인계 내용을 각 기록관에 통보한다. 정리의 경우 위치정보·보안기능을 가진 RFID 태그 부착, 전량소독, 탈산대상 기록 확인 등의 기본적인 업무를 수행하고 공개재분류 및 기술업무는 별도 업무로 수행한다. 기록원 개원 첫해에는 이 모든 일을 기록연구사 공무직(2명) 등 원내 직원들이 수행해야했고, 그 이후부터는 예산을 배정해 용역으로 처리하여 연구사는 연구사가 해야 하는 업무에 집중하도록 했다.

법대로 수행하는 두 번째 업무는 "결과중심의 기록 생산에서 과정중심의 기록을 생산·관리함으로써 정책결정의 투명성 및 책임행정 구현을 위한" 속기록 등 지정업무다. 지금부터 이야기 할 '속기록 혹은 녹취록(녹취기록 포함) 작성대상 회의록 지정' 업무는 1999년 「공공기관의 기록물관리에 관한 법률」 시행 때부터 있어왔던 업무다.(속기록 등 지정의 역사 및 문제점 대해서는 이 책 1장8편 '모든 회의는 기록되어야 한다' 기사 중에 상세히 나와 있다) 해당 업무는 국가기록원에서 '겨우 명맥을 유지하는' 업무 중 하나로 알고 있다. 처음 그것을 해야겠다는 결심이 섰을 때 나는 수개의 논문과 기사, 홈페이지를 봤고 '법대로' 하겠다는 결심을 했다. 법대로 하겠다는 것은 어떤 의미인가? 국가기록원 직원과 해당 업무에 대해 통화해보니, 국가기록원에서 속기록 등 지정업무가 지지부진하다고 개인적으로 판단한 것은 첫째, 법에도 없는 지정 전, '협의'과정을 거쳤기 때문이라 생각했다. 법에는 "영구기록물관리기관의 장이 지정하는 회의는 회의록과 함께 속기록 또는 녹음기록 중 어느 하나를 생산해야 한다"라고 되어있다. 이 법 어디에도 '협의, 논의' 등의 사전단계는 없다. 나는 이것에 착안해 중요한 회의를 분석해 '일방적으로' 지정하기로 했다. 왜냐하면 법이 허용해준 일이며, 개인적으로 중요성을 강하게 느꼈기 때문이다.

둘째, 너무나도 조심스러운(?) 접근방식이었다. 국가기록원과 논의 과정에서 종종 들은 말은 '국가기록원은 사업소다', '타 부처를 상대하기에는 약하다' 였다. 또한 나에게는 관할 기록관은 지정이 가능하니 한번 해보시라는 이야기를 들었다. 그러나 이 이야기에 비추어 보면 경상남도기록원도 경남도청의 사업소다. 대신 그들과 나의 차이는 나는 나의 위치와 기관 사정을 본 것이 아니라 나의 또 다른 성경인 '공공기록물법'을 믿었다는 것이다.

나는 '법대로' 업무를 진행했다. 관할 기록관에 지정 회의록을 제출 요청 했고, 그 중 도와 시군에서 공통적으로 운영하는 회의를 국가기록원에서 공유해준 '지정기준'에 맞춰 총539건의 회의록을 속기록 등 대상으로 지정했다. 그리고 이것을 경상남도기록원 홈페이지에 공개했다. 이렇게 하면 그 결과가 신데렐라가 왕자님을 만나 행복하게 산 것처럼 해피엔딩이 되었을까?

물론 아니다. 나는 기록관뿐만 아니라 일선부서로부터 해명요구, 불만사항 등을 들어야했고 심지어 속기사를 채용할 수 있는 예산을 요구

받기도 했다.

어쩌면 기록관리를 하나의 '업무'로 보기 보다는 '신념'으로 행한다고 할 정도였던 그 당시의 나는 이런 일에 굴복하지 않았다. 대신 지정된 속기록 등을 보다 세부적으로 분석해 지정 했어야 '전문성'으로 방패삼아 보다 적확하게 직원들을 설득시킬 수 있었을 것이라는 반성을 했을 뿐이다. 나는 그 다음해 또 한번 속기록 등 지정업무를 수행했다. 이번에는 과거와 같은 과오를 저지르지 않도록 나의 새로운 동료와 함께 근거, 위원회 기능, 성격 등 하나하나의 회의를 모두 분석 후 세부적으로 해석하여 지정했고, 문의사항을 받아 하나하나 답변을 모두 달았다.

그래서 이번엔 신데렐라가 왕자님을 만나 행복하게 산 것처럼, 해피엔딩이었을까? 나는 지정한 속기록 등을 그 후 기록관으로 발령받아 부서에 통보하고 그에 대한 의견을 현장에서 들을 수 있었다. 우선 지정한 속기록 등이 현장에서 적용할 때 문제점은 다음과 같다.

첫째, 속기록은 속기술로 작성한 문서로 속기술이란 일반인이 작성할 수 없고 속기사만이 작성할 수 있다. 즉, 속기사가 없이는 불가능하다는 것이다. 둘째, 녹취록을 작성하기 위해서는 녹음기록을 듣고 재작성해야 하는데 일반적으로 8시간 정도의 시간이 소요된다. 특히 회의가 간헐적이지 않고 매주 혹은 격주로 열리는 회의라면 그 업무량은 과해질 수 밖에 없다. 셋째, 녹음한 기록을 등록할 수 있는 시스템이 부재하다. 온나라시스템의 경우 용량제한으로 등록할 수 없으며, 등록번호를 비전자로 부여받아 생산한 녹음기록은 일반적으로 직원 PC에 저장, 보존하고 있다. CD에 보존하라고 권고하기는 하나 미봉책일 뿐이다. 넷째, 객관적인 근거로 해당 회의를 분석한다고 해도 지정되지 않은 회의와 크게 구분이 없다. 예컨대 기록물평가심의회가 중요할까? 도시계획심의회가 중요할까? 일반적인 시각에서는 도시계획심의회가 더 중요할 수 있다. 그러나 기록물평가심의회는 기관 기록의 존폐, 즉 기관의 증거 및 역사를 공식기억에서 사라지게 한다는 뜻이니 그 중요성이 도시계획심의회에 비해서 적다고 할 수 없다. 이런 예뿐만 아니라 다른 심의회도 업무 경중으로 나누기에는 한계가 있다.

그리고 가장 중요한 문제는 속기록 등으로 작성해야 한다고 강제하면 오히려 해당 기관에서 '기록관리'에 대한 전반적인 불신을 가져다주는 건 아닐까 하는 염려다. 이상적이라 생각하는 기록관리가 직원들이 보기에는 '그들만의 리그'로 속기록 등 지정이 기록관리 업무 불신에 핵심적인 역할을 할 수도 있다는 것이다. 속기록 등 지정이 공공기록물법에서 규정된 것이 벌써 20년이 다 되어가고 있다. 많은 조문이 있지만 특히 이 조문은 '어떻게'가 부족한 사례 중 하나다. 그래서 우리는 '어떻게' 이 난국을 헤쳐나가야 할까?

완벽한 해결책은 없을지라도 첫째, '속기록 등 지정'의 속기록은 별도 조문을 만들 필요가 있다. "속기록 혹은 녹취록(녹음기록 포함)을 지정하여야 한다." 라고 하고 "다만, 속기록으로 작성할 경우 속기사를 배치하여야 한다."라고 단서를 두는 것이 필요하다. 이는 혼란을 막기 위함이며 해당 업무를 위해 속기록과 녹취록을 구분하지 못하고 녹취록을 속기록으로 이해하는 경우가 허다하기 때문이다. 또한 해당 업무에 속기사 배치가 필요함을 주지시키는 면도 있을 것이다.

또한 속기록을 작성할 경우 회의록을 병행 생산한다는 규정도 삭제할 필요가 있다. 법의 취지에 대해서는 정확히 알지 못하지만 현장에서 이를 중복으로 생산해야 한다고 안내하면 속기록작성으로 이미 불만이 포화상태가 된 생산자들의 분노가 극에 달할 때가 있고, 더 중요한 것은 이것을 병행 생산해야 할 이유를 딱히 찾을 수 없기 때문이다. 회의록 생산이 어떻게 보면 크게 어렵지 않은 업무일 수 있지만 8시간

녹음기록을 녹취해놓고 나서 또 작성해야할 무엇이 있다면 "낙타가 사막에서 쓰러지는 것은 아주 무거운 짐 때문이 아니라, 수많은 짐 위에 올려진 작은 나뭇가지 하나 때문"이라는 예전 어디에서 읽은 글처럼 생산해야할 회의록이 낙타의 작은 나뭇가지가 되지 않도록 할 필요가 있다. 법적으로 꼭 필요한 경우가 아니라면 회의록보다 중요하고 상세한 속기록만으로 충분치 않을까?(2020년 공공기록물법 개정법률에 해당 내용에 대한 의견을 '뒤늦게' 피력한 바람에 법 개정사항에는 들어가지 못했지만 다음번에는 꼭 들어가기를 희망한다.)

둘째, 속기록 등 지정업무의 기준을 수립하는 것이다. 중앙기록물관리기관의 상세한 표준은 물론 지방기록물관리기관의 지침으로 지정이 필요한 위원회를 규정하는 것이 필요하다.

셋째, 녹음기록의 경우 별도의 시스템(이는 녹음기록뿐만 아니라 결락되는 기록물 중 많은 양을 차지하는 시청각기록 전체를 포괄하는 것이 필요하다.)을 배포하는 것이 필요하다. 물론 이는 각 기관에 예산이 필요하다.(일부 기초자치단체는 시청각 기록관리프로그램을 이미 보유하고 있는 기관도 있다.)

넷째, 속기록 등 지정업무가 "결과중심의 기록 생산에서 과정중심의 기록을 생산·관리함으로써 정책결정의 투명성 및 책임행정 구현을 위한" 업무임을 여론 등을 통해 지속적으로 환기시키고 교육과 점검 등을 통해 중요성을 알리는 것이 필요하다.

어떤 업무이든 도깨비방망이를 두드려 되는 것처럼 이뤄지는 것은 없다. 법률의 상세화, 기준수립, 보존프로그램 배포, 지속적인 교육과 홍보 등 '어떻게'를 정의할 수 있는 현실적인 해결책 도출이 필요하다.

법대로 해보는 기록관리, 가장 간단한 듯 하지만 가장 어려운 문제다. '말이나 쉽지'의 대표적인 사례라고 할 수 있다. 지방기록원에서 기록을 이관할 때 건별, 공개재분류 등 업무를 수행하기 위해서는 관할 기록관도 이관 시, 건별이관 및 공개재분류 업무 등을 수행해야 한다. 그러나 기록관은 철별로 받은 기록의 이관을 위해 전산화사업을 하는 경우도 있다. '기록관리 생태계'라는 말은 정확한 표현이다. 기록관리를 앞으로도 법대로 수행하기 위해서는 기록원뿐만 아니라 기록관, 나아가 부서의 기록관리가 법대로 이루어져야 한다. 물론 기록원에서 강제하여 법대로 업무를 수행, 기록관이 중간에 끼여 기록원의 요구에 맞출 수는 있겠지만 이는 언젠가 한계에 봉착할 것이다. 기록원은 법을 준수하는 것에 목표를 두는 것과 함께 관할 지역의 '기록관리 생태계'가 유연하게 움직이도록 끊임없이 노력할 필요가 있다.

우리는 신동희의 논문(생산부터 보존까지 기록관리 전반에서 이해하는 기록평가:미국 뉴욕주기록관의 사례연구/2012.2.), "뉴욕주기록관은 기록생산기관들에 대한 적극적인 교육으로 인식의 지평을 넓히고자 한다. 기록생산이 단순히 업무의 효율과 법적인 요건을 충족하는 것이 아니라, 후세대들에게 역사와 문화를 알리는 중요한 자산이라는 점을 교육한다. 주기록관에서 제공하는 교육은 생산기관 레코드매니저들에게만 국한하지 않고 일선 공무원들, 일반인들까지 그 대상을 넓게 포괄한다. 또한 기록관리 전반에 대한 지원을 받는 일선기관들에게 그 비용을 지불하게 함으로써 기록관리 교육을 이수하고 주기록관의 지원서비스를 받는 것에 대한 일정 정도의 책임을 부과함과 동시에 기록관리의 중요한 주체로 역할하도록 한다."를 생각해 볼 필요가 있다.

07편

국비, 너는 누구냐

지방기록원 건립이라는 말이 나오면 자동적으로 따르는 단어가 있다. '국비확보', 2007년 이후 지방기록원 설립이 의무화 되었지만 현실화되지 못한 가장 큰 이유이기도 하다.

지방기록원을 계획했던 전국 시·도는 공공기록물법 제11조 제6항 "국가는 지방기록물관리기관의 설치·운영에 필요한 경비 일부를 예산의 범위 내에서 보조할 수 있다."라는 규정에도 불구하고 단 한 번도 국비를 지원받은 경험이 없다. 또한 한 번도 지원을 받지 못했지만 어느 해, 어느 때이건 빠지지 않는 불멸의 단어기도 하다.

국비를 지원받을 필요성이 없었던 서울기록원과 국비의 필요성은 컸으나 시대변화에 기회를 가진 경상남도기록원 만이 '특별하게' 기록원을 건립할 수 있었다.

지방기록원 건립을 위한 각종 회의를 가보면 참석한 지방 공무원들은 '국비'로 국가기록원을 옥죄며 더 이상 논의가 불필요한 상황을 만들기도 한다. 국가기록원이 핵심적인 '국비'는 논외로 하고 굳이 필요하지 않은 기관장 면담 등과 같은 일을 한다고 질타하기도 한다. 개인적으로 이것에 대하여 왈가왈부 하고 싶지는 않다. 다 사정이 있으니 말이다. 대신 이 소주제의 내용은 경상남도기록원의 국비확보 노력, 결과 그리고 그에 따른 개인적인 생각이 될 것이다.

새벽 5시 10분, 창원에서 서울로 가는 ktx 기차시간이다. 우리가 애용한 시간이기도 하다. 시간에 못 일어날까봐 나는 서울로 가는 새벽이 되면 1시간에 한번 씩 깼다. 익숙해질만도 한데, 늘 서울은 낯설고 어색한 곳이었다. 나는 이 시간을 '잘'보내기 위해 목베게도 사고 이어폰도 샀건만, 잠은 부족하고 긴장은 계속되었다.

서울의 아침은 늘 활기에 찼다. 사람들의 발걸음은 빨랐고, 수많은 인파속에 대중은 자기가 갈 곳을 향해 빠르게 움직였다. 나는 "서울에는 왜 그렇게 사람들이 많이 살까?"를 지하철에서 유독 많이 생각했다. 사람들에 밀려 지하철을 타고 다시 밀려 내리는 속에서, 원래 서울에는 인구가 많았으니까 그 사람들이 아이를 낳고, 그 아이가 다시 아이를 낳고 하는 속에서 사람들이 많은 건 당연한 것이다, 라는 생각과 방해받고 싶지 않음 혹은 혼자이고 싶으나 홀로된 방에 TV소리가 있어야만 안정을 느끼는 현대인처럼 혼자를 좋아하나 그 혼자가, 혼자가 아닌 상황을 만들어 내고 싶은 심리일 수 있다는 생각을 하곤했다.

이런 맥락없는 생각들로 나는 창원과 서울을 오갔고 이유는 경상남도기록원의 '국비확보'였다. 유난히도 서울의 아침을 많이 본, 2019년 가을과 겨울, 살면서 한 번도 가 본적 없었던 '국회'를 익숙하게 다녔고, 국회식당에서 밥도 먹고, 티브이에서만 봐온 국회의원들을 보고 지역 국회의원에게 실제 인사를 하기도 했다. 개인적으로도 신선한 경험이었다.

국비를 확보하기 위해서는 국회의원도 만나야 하지만 기획재정부(이하 '기재부'라 한다) 담당 사무관 등 정부인사도 만나야 한다. 지방기록원 국비확보의 경우 국회의원을 설득하는 것이 상대적으로 쉬운 일일지 모른다. 그러나 마지막 관문인 기재부에서는 '불가'입장을 통보받곤 했다.

기재부의 반대는 늘 일관적이며 이것은 지방에서 기록원 건립을 위한 국비확보에 어떠한 노력을 기울이더라도 아직 깨지기 힘든 거대한 벽이다. 2019년 국가기록원 원장님은 국비확보를 위해 상당한 노력을 한 것으로 알고 있다. 그럼에도 불구하고 단 한 푼도 지방기록원 건립 부분에는 국비가 확보되지 못했다.

지방기록원 건립에 국비는 왜 필요할까? 지방사무의 대부분이 국가로부터 위임받은 사무로 외교부 여권업무 등 571개의 국가사무가 지방이양 되었다. 또한 이 사무들은 앞으로도 그 증가세는 가속화될 것으로 본다. 사무가 이양된다는 것은 그 사무로 인해 기록이 발생된다는 것을 의미한다. 즉 중앙과 지방정부의 업무관련성은 그만큼 높다는 것을 의미하며 그것으로 인해 산출될 기록을 공동으로 관리할 수 있는 방안이 필요한 것이다.

또한 지방의 기록은 지방에서만 효용되는 것은 아니다. 예컨대 몇 년전부터 중요성이 부각된 '가야사 복원사업'의 경우 경남·경북·전북·부산의 '가야사'관련 기록이 역사의 한 페이지로 등장한다면 해당 지역에서 생산한 기록은 국가기록으로 가치를 가지는 것이며, 국가적으로 관리해야 할 기록이 되는 것이다. 그 외에도 경상남도의 경우, 거창양민학살사건, 3.15의거, 부마항쟁, 거제포로수용소 등 국가적으로 중요한 사건에 따른 기록이 지방에 산재해 있는 것이다.

기록관리와 유사성격 사무인 박물관, 도서관, 미술관 등의 건립비가 국가에서 지원되는 경우를 본다면 역사의 핵심적인 한 축을 담당하는 '기록'은 결코 홀대받아서는 안된다. 과거의 기록뿐 아니라 현재에도 계속 생산되는 중요기록들이 지역에 있다는 이유만으로 방치되는 등 미관리 된다면 그 책임은 누구에게 물어야 할 것인가? 기록은 지역과 중앙을 가를 수 없다. 돈 가는 곳에 마음간다는 말이 있다. 중앙에서 기록관리를 위한 지원이 인색하다는 것은 그것의 중요성을 간과하고 있다는 말의 다름아니다. 모든 역사는 고증을 바탕으로 만들어지며 고 증은 '기록'에서 시작된다. 지금부터라도 중앙정부의 지방기록원 건립 국비지원에 대한 전향적인 자세가 요구된다.

그렇다면 국비확보를 위해 노력했던 경상남도는 어떤 결과를 현재 까지 얻었을까? 그동안 경상남도의 기록원 관련 국비요구를 보면 다음 과 같다. 경상남도기록원 건립 국비요구, 경상남도기록원 영구기록관 리시스템(GNMS) 개발비 중 일부 국비요구, 경상남도기록원 미증축 건 물 증축을 위한 국비요구 그리고 마지막으로 국가기록원에 보유하고 있는 경상남도기록물 재이관 사업 국비요구건이다.

결론은 국가기록원에 보유하고 있는 경상남도기록물 재이관 사업 국비를 제외한 어떤 요구도 통과되지 못했다. 마지막 사업은 어떻게 통과했을까? 금액이 작았기 때문일까?(2.8억원 중 절반인 1.4억원을 요구 했다.) 아니다, 지방기록원 건립지원 국비는 금액이 아무리 작더라도 지원되지 않았다. 이 사업은 지방기록원 지원과는 다른 방향으로 접근 했기 때문에 가능했다고 생각한다. 내용 또한 지방기록원을 지원한다 는 것보다 기록의 이관은 원칙적으로 기록을 보유하고 있는 기관에서 이관업무를 수행하는 것이 그동안의 관례도 행해져 왔기 때문에 이관 비용은 원칙적으로 국가기록원에서 부담해야 한다는 설명을 국가기록원 담당 과장님 등과 함께 기재부 담당사무관에게 설명했고 그것이 받아들여졌다고 생각한다.

기재부 담당사무관을 향한 지난한 기다림 끝에 만남을 가졌던 두 번의 기회는 향후 지방기록원 국비지원 요청에 있어 대단치만은 않지만 단초를 마련했다고 생각한다. 또한 국비지원을 받기위해 노력했던 과정을 돌이켜보면 국가기록원과 함께, 지원이 필요한 기관들이 포기하지 않고 노력하다 보면 언젠가 지방기록원 건립·운영을 위한 국비지원이 될 것이라는 생각도 했다.

08편

◆
◆
◆

기록관과 기록원

　　　　　　　　　　　　　나는 요즘 '소나무'가 답답하다. 소나무
자체가 답답하기 보다는 그 이미지가 갑갑하다. '사철 푸른' '지고지순
한' '변화하지 않는' 이런 이미지들이 진부하고 우리 인생과 다르다는
생각이 들기 때문이다. 어떤 이는 사람들에게 곧고 푸른 소나무의 기
상을 닮으라고 하는데, 사람의 생이 어떻게 매일 곧을 수 있고, 청정할
수 있으며, 그 기상이 한결같이 강할 수 있는가?

　물론 그런 삶을 사는, 존경하기에 충분한 사람들도 있을 것이다. 그
러나 (물론 전적으로 이는 개인적 판단이나) 지금 나의 심정과 빗대어 본다
면 사람은 울 때도, 웃을 때도, 쓰러질 때도, 굳셀 때도 있는 것이고 그
것이 '인간다움'이 아닐까 생각해보는 것이다. 나는 '소나무의 기상'을
닮고 싶지 않다. 그냥 꽃이 필 때, 질 때, 그 존재를 눈여겨본 누군가에
의해서 '아름답다' 들을 수 있는 들꽃이 좋다. 변화무쌍한 자연의 한 귀

퉁이에서 변화를 거듭하는 들꽃이면 충분하다는 생각을 요즘 하곤
한다.

기록관과 기록원을 이야기 하는 곳에 소나무, 들꽃이 웬 말이냐 싶
겠지만 나의 기록관에 대한 첫 인상은 사철 답답한 '소나무'와 닮았다
는 생각을 했기 때문이다. 나의 첫 발령지는 지하 기록관서고 한 귀퉁
이에 붙어있는 사무실이었고, 사무실에서 수행하는 전산화작업은 조지
오웰 소설 '1984'의 윈스턴이 다니는 회사를 상상케 했다. 업무흐름 또
한 늘 일관적이었고 계절은 시시각각 변하는데 그 모습도 볼 수 없는
지하에서 어떠한 생동감도 찾기 어려웠다.

골방에 앉아서도 천하를 볼 수 있다던 누군가의 말처럼 그 어둑어둑
한 공간에서도 나는 기록관리의 생동감을 찾기 위해 노력했다. 때문에
'기가 찬' 여러 가지 활동을 많이도 했던 것 같다. 또한 사람들과 교류
하지 못하고 공공기록물법의 '원칙'을 누구보다 소중하게 여겨 관계가
어려운 사람이 되기도 했다. 외골수라는 소리도 듣곤 했고 직원들과의
소소한 분쟁도 있었다. 그렇다고 이것에 대해 후회하는 것은 아니다.
매일의 노력은 답답하게만 생각해왔던 기록관리의 진전된 변화를 볼
수 있었고 시간이 흐를수록 서로의 이해는 높아져갔다. 또한 나 역시
늘 요구만 해왔던 삶을 청산하고 기록관리가 보다 잘 될 수 있게 하려
면 원리, 원칙도 중요하지만 사람들과의 관계, 또한 그 관계를 풀어 가
는데 있어 요청되는 신뢰, 친절, 혹은 정성이 음과 양으로 필요하다는
것을 배웠기 때문이다.

아마 이는 "사철 푸르른 소나무에는 꽃도 없다"는 내 말에 "꽃도 있
다, 그것이 꽃이라 생각하기 어렵지만 매년 송화(松花)가루가 날리지를
않느냐"라고 우문에 현답을 한 지인의 말을 빌어보자면 기록관 역시
누가 봐도 피상적으로 아름다운 어떤 것이 있냐고 생각하기 어렵지만

속내를 보면 그곳도 꽃이 피고, 지고 하는 변화무쌍한 자연의 한 귀퉁이에 변화를 거듭하는 존재가 아닐까 생각해본다.

소나무와 같은 기록관, 나는 이 속에서 기록관리를 배워 기록원에 갔다. 지방기록원의 관할 공공기관인 기록관은 그동안 국가기록원의 관할을 받고 있었고 지방기록원 설립으로 인한 관할권 변경은 심적으로 부담스러울 수도 있다. 오랜 시간 훈련되어 온 국가기록원의 능숙한 기록관리 지침, 기록관리시스템의 원활성은 갓 시작한 지방기록원 시스템을 통한 각종업무의 혼란, 지침교육의 아마추어리즘 또는 초기 기록관과 기록원의 각종 연결사업을 위한 수개의 업무협조 공문으로 해당 지역 기록원을 향한 불만과 불신을 가속화한다.

기록원은 기록의 현황을 파악해야 하고 각종 사업을 위해 교육과 회의를 반복하며, 관련 시스템 연동을 위해 각 기관에 조치를 요청하고 매년 평가를 위해 실제 기록관 점검도 필요했다. 강제성이 있는 혹은 없는 공문 다 포함하면 꽤 많은 공문들이 기록관에 통보되었을 것이고 기록관에서는 그동안 관할 영구기록물관리기관과 해 본적 없는 일에 많은 불편을 느껴야 했을 것이다.

그러나 그동안 수많은 기록관을 관할했던 영구기록물관리기관인 국가기록원과 달리 해당 지역을 가장 잘 이해하는 곳에 지방기록물관리기관이 설립됨으로써 기록관도 나름 기대했던 바가 있으리라 생각한다. 그러나 모든 기대는 현실적인 어려움을 동반하고 있고 각자가 나눠가져야할 어려움은 1인 기록관체제에서는 많은 한계를 가져왔을 것이다. 기록원에서 기록관리 일을 수행하는 직원은 수 명인데 반해, 기록관에서 업무를 수명 받은 직원은 오로지 기록연구사 한 명이기에 많은 불편함이 있을 것이다.

아마 이러한 일은 앞으로도 생길 타 지방기록원에서도 닥칠 문제다.

이 경우 기록원은 관할 기록관을 상대로 어떻게 일을 수행해야 할까? 각각의 방법이 있을 것이나 나의 경우에는 반드시 해야 하는 경우 '원칙'대로 업무를 수행했으나 기록관에서 현실적으로 필요한 것은 기록관 점검기간에 담당계장, 과장님과 만나 직접적으로 내용을 전달하기도 했다. 또한 기록연구사가 어떤 일을 하는 사람이며, 이 일을 함으로써 생길 수 있는 장점 그리고 향후 우리가 나아가야 할 방향을 이해할 수 있도록 설득했다. 그 외, 관한 기록연구사들의 요구를 받아 그동안 가보지 못했던 선진기록관리 현장을 매년 갈 수 있도록 제도적 절차를 마련했고, 첫해 미국 워싱턴과 뉴욕을 관할 기록관 기록연구사 7명과 함께 다녀오기도 했다. 개인적으로는 기록관리 업무가 피상적으로 보이는 답답한 소나무가 되지 않고 그 속에 담긴 송화를 볼 수 있도록 도내 일간지에 기록관련 기사를 싣기도 했다.

세상에는 눈에 보이지 않는 '이미지'라는 것이 있다. 물론 이는 현실적인 어떤 것과 다를 수 있어 위험성도 있다. 그러나 이 '이미지'는 사람 개개인의 의식흐름을 장악하는 아주 큰 무기다. 따라서 기록원은 이미지도 신경써야 한다. 이는 기록원과 기록관 사이의 업무흐름을 원활하게 해 줄 수 있으며, 해당 기관과 관계를 맺을 때 자부심을 가질지 혹은 숨기고 싶은지를 결정하는 중요한 업무가 된다.

이러한 이미지들은 개미처럼 일만 한다고 되는 것은 아니다. 일은 기본이 될 것이고, 변두리에 둘러쌓인 각종 행위들의 '판단과 집중'은 이미지를 제고하는데 많은 도움이 된다. 그러나 방금 말한 내용은 매우 추상적이며 '각종행위' '판단과 집중'이라는 단어는 원칙적이며 누구나 할 수 있는 말이기도 하다. 이것을 사용한 것은 각 기록원이 원하는 이미지가 따로 있을 것이라 생각하기 때문이다. 그렇다면 나는 경상남도기록원의 이미지가 어떠하길 바랬을까? 합일된 의견은 아니나 나는 나의 기록관리가 '품격' 있기를 바랐고 우리의 일 또한 품격있는 기록관리, 품격있는 경상남도기록원이 되기 바랐다. 쉽게 표현하자면 기록원으로서의 '격(格)' 떨어지고 싶지는 않았다.

기록관리와 기록연구사가 가져야 할 전문성을 토대로 기록관련 업무를 수행하면서 도출해 낼 수 있는 최상의 것들을 효과적으로 시민들에게 알리는 것, 관할 기록관에 명확한 기준을 제시하는 것, 단순히 주어진 업무만 수행하는 것이 아니라 이 속에서 기록원만이 가질 수 있는 고유성을 함께 공유하는 것이다.

실제적인 업무에서 기록원이 필수적으로 수행해야할 역할을 이야기하자면(이것은 내가 기록원을 나온 후 든 생각이다.) 기록원은 정확한 지침을 주는 것이 필요하다. 국가기록원이라면 정부의 '기록관리'와 관련된 사안에 된 정확한 지침을 현장에 부여해야만 현장에서는 그것을 토대로 업무를 수월하게 진행할 수 있다. 물론 그것이 없다고 해서 기록관리 업무가 돌아가지 않는 것은 아니지만, 그것으로 인해 굳이 다를 필요 없는 현장의 기록관리가 중구난방으로 이루어지는 것을 방지할 수 있기 때문이다. 기록원은 현장기록관리를 알아야 하지만 그 너머의 어떤 것을 구하고, 그보다 더 중요한 '기준'을 정하는 일에 심혈을 기울여야 한다. 정부와 기관과 협상하고 기록관리 원칙이 잘 통할 수 있도록 지원하는 것이 소소한 기록관리 방법론을 알려주는 것보다 더 중요한 것이다. 물론 그것을 알려주는 것도 좋지만, 그보다 더 어려운, 기록관에서는 풀기 힘든 사안을 해결하려고 있는 곳이 기록원이 아닐까 생각해 본다.

기록관도 기록원의 품격과 힘, 능력을 기대하고 있기 때문이다.

그래서 내가 기록원에 있을 동안, 혹은 그 후 원했던 것처럼 경상남도기록원은 '품격'을 가졌을까? 그 이미지를 누구나 공유했을까? 아직은 멀다는 말로 답을 하고 싶고, 멀다고 해서 포기한다면 기록원이 업무수행을 통해 실제로 누릴 수 있는 효과는 매우 요원할 것이라고도 말하고 싶다. 물론 내가 원하는 기록원의 이상적인 모습은 지금 현장에서 업무를 수행하는 구성원들이 원하는 것과 다를 수 있기에 강요할 수 없다. 대신 나는 그렇게 해왔고 그것이 필요하다고 말 할 뿐이며, 이를 통해 일도 중요하지만 그 너머의 어떤 것을 구할 수 있는 그런 멋진 기록원이 되기를 기원할 뿐이다.

기록관과 기록원은 공생(共生)관계다. '공생'이라는 단어는 함께 한다는 의미이며, 이는 이전에도 앞으로도 서로간에 벗어날 수 없는 필수적인 단어가 될 것이다. 때문에 기록원이 기록관에 요청하는 것은 보다 능숙하고 사려깊게 수행하고 관할 기록관은 비록 초기의 불편함이 있더라도 조금은 인내해 줄 수 있는 시간이 필요하다. 아이가 태어나서 걷기까지의 시간은 사람이나 기관이나 마찬가지로 인내가 필요하기 때문이다.

마지막을 '착하게 살자'라는 이상적인 말로 마무리 하는 것을 좋아하지 않으나 기록관과 기록원의 관계만큼 서로간에 가져야 할 이상을 공유하는게 좋지 않을까 하는 생각에서 상투적인 말로 마무리 해보았다.

09편

◆
◆
◆

민간기록, 어떻게 관리해야 하는가?

　　　　　　　　　　나는 '두 남자' 이야기를 들려주려한다.
두 명의 남자는 인물이 잘났거나, 키가 크거나, 힘이 세거나 권력을 가
진 사람이 아니다. 고령화 사회를 지탱해주는 남자들로 권력도, 힘도,
물질에 대한 욕구도 없지만 '기록'에 대한 무한한 애정은 젊은 기록연
구사들도 따라갈 수 없을 정도로 강하신 분들이다. 나는 그 분들을 만
났고, 그 만남으로 인해 남은 '감동'을 민간의 기록관리와 연계해 이야
기해보고자 한다.

　　경상남도기록원 개원을 앞두고 무척이나 바빴던 날들이었다. 중요
공공기록과 기관의 상징성을 담은 기관장기록도 관할 기록관으로부터
이관해야 했고 민간기록 또한 수집해 지역민에게 기록원을 쉽게 설명
할 수 있어야 했다. 또한 전시실 내 '민간기록 기증자'에 이름 하나라
도 적어 넣어야 했던 상황이었다. 그 즈음이었을 것이다. 나는 무턱대

고 창원향토사료전시관 양해광관장님을 찾아갔다. 주남저수지가 있는 창원 동읍, 창원군 다호리 고분으로 유명한 곳이며(다호리 유적의 붓과 삭도는 기원전 1세기경 한반도에서 문자가 쓰였음을 보여준다.) 세계적 철새도래지로 유명한 주남저수지를 끼고 앉은 창원향토사료전시관은 2007년 공직생활을 마감한 한 공무원의 일생 그리고 그것과 마주한 이야기로 가득 차 있었다. 창원, 마산, 진해의 근현대를 지내온 한 사람이 남길 수 있는 기록은 모두 다 남긴 것 같았던 향토사료전시관에는 관장님이 살아가면서 모은 것뿐만 아니라 직접 카메라로 남길 수 있는 것 까지 모두 보존되어 있었다. 무턱대고 찾아가 방문목적을 말씀드리고 도움을 요청했다. "경남의 중요기록을 관리할 경상남도기록원이 개원한다. 전국에서 최초이며 그 기관을 통해 우리 경남은 유구한 역사와 전통을 온전히 계승할 것이다. 때문에 이 거룩한(?) 기관의 도움을 요청한다. 보유한 것 중에 중요한 것은 주시라" 라는 말을 거침없이 했다. 이런 나를 나쁘게 봤다면 '맹랑한 사람', '예의 없는 사람'으로 보고 무시할 수도 있었을 것이다. 그러나 (본의는 알 수 없지만) 관장님은 경상남도기록원 개원을 위해 가지고 계신 사진기록뿐만 아니라, 전시관을 운영하고 있는 유일한 종이기록도 일부 기증해주셨다. 또한 기증하기 전, 원하는 것의 목록을 만들어오라고 하시고 목록대로 기록을 간추려 주셨다. 아주 단도직입적으로 수집한 기록이 약 800여점이었다.

이러한 나 같은 당돌한 사람에게 호의를 베푸신 건, 나의 열정이 아닌 관장님의 기록에 대한 무한한 애정 때문이었다. 한평생 아무도 알아주지 않는 기록에 대한 애정을 후배 기록인에게 아낌없이 표출한 것이라 생각한다. 공직생활을 명예롭게 마감하신 관장님이 가지고 계신 기록을 전시, 공유하기 위해 만든 향토사료전시관에는 다양한 기록이 있다. 경남도청의 전신인 부산도청 사진, 창원으로 이전한 경남도청이 만들어지는 과정의 사진, 경남도의 축제사진, 옛 정부포스터, 음반, 한 공무원이 공직생활을 시작하면서 마칠 때까지 나올 수 있는 각종 주변 기록(임명장, 월급명세서, 기안문, 표창장 등) 그리고 공직생활에 사용된 타자기, 주판, 인쇄기 등 종이기록시대의 공무원 활동상이 다양하게 전시되어 있다. 이 외에도 옛 담배, 과자, 농기구, 잡지, 신문, 학생교복 등 다양한 주제들로 꾸며져 있다.

　어릴 때부터 모으기를 좋아했다는 관장님은 본인 것 뿐만 아니라 누나, 형들 것도 모아 부모님께 핀잔을 들었다고 하는데, 자라면서 모으는 것 뿐 아니라 직접 기록까지 하시니 그 양은 추산조차 되지 않았다. 그렇다고 관장님이 퇴직 후 자리만 지키면서 방문자들에게 회고록만 쓰고 계실까? 전혀 아니다. 관장님은 여전히 현직 연구사보다 더 많이 기록활동을 하고 계신다. 사진을 디지털화하는 것, 보유한 기록을 컨텐츠화 하는 것, 경남지역에서 일어나는 많은 사건들에 직접 현장을 찾아가 기록을 남기는 것, 누가 보기에는 '쉬실만도 한데'라는 말이 나올 수 있는 나이지만 열정은 끝이 없었다. 여전히 기록의 중요성을 이야기 하시고 본인 사후에 남겨질 기록에 대해 걱정 하시는 모습은 전문가들이 침 튀겨가며 기록의 진본성을 이야기하는 것 보다 거룩해보

창원향토사료전시관

박연묵교육박물관

였다. '살아있는 기록인' '기록의 산증인'이라 불러도 무색하지 않을 것이며, 발이 약한 내게 늘 존경으로 남는 분이다.

두 번째 기록인은 우연한 계기로 사천시청을 방문했다가 돌아오는 길에 들른 '박연묵교육박물관'의 박연묵관장님이다. 박연묵관장님은 양해광 관장님보다 더 고령화율을 높여주고 계신 분이다. 그러나 얼굴은 살아온 시간을 반영하듯 '다정함과 따뜻함'을 느낄수 있는, 젊은이들과 다른 아름다움을 가진 분이다. 첫날 박물관을 방문했을 때, 우리 소속을 말씀드리니 관장님은 10년지기처럼 반가워하시고 일일이 보유한 기록을 설명해주셨다. 관장님의 박물관은 우리가 상식적으로 생각하는 그런 거대한 곳은 아니다. 관장님이 평생 살아온 집 부분부분에 기록을 보존하고 계셨다. 관장님의 박물관은 학생으로 살아온 시간부터 교육자로 보낸 평생, '학교'라는 틀 안에서 나올 수 있는 모든 것이 전시되어 있다. 그것은 단순히 책뿐만 아니라 학습기구, 일지, 학생들 사진, 관장님이 직접 도안한 현수막까지 학생과 선생님 주변에서 발생할 수 있는 사건과 관계된 모든 것은 기록화되어 보존되어 있다.

나는 그곳에서 무엇을 보았을까? 관장님은 우리에게 보존하고 있는 기록뿐만 아니라 가꾸고 계신 식물과 아름다운 자연, 그 속에 구부러졌으나 마디마디 선을 가진 노송을 보여주었고 그 모든 것들은 관장님처럼 따뜻했다. 나는 관장님의 작은 박물관, 마당의 하늘, 푸른 나무들이 좋았고 그 속에 있는 기록들이 평온해보였다. 이는 미국 국립문서보관소(NARA)에 전시되고 있는 독립선언서보다 더 내 마음을 설레게 했다.

그것은 집념이 아니라 '삶'이었다.

관장님은 방문한 모든 사람의 사진을 찍어주신다. 나는 지금까지 두 번의 사진을 찍고 두 번 모두 우편으로 그것을 받았다. 관장님이 더 나

이드시기 전, 더 많이 사진을 찍고 받아야겠다는 생각을 한다.

두 남자는 기록인이라면 어떠해야 하는가를 몸소 알려주는 분이셨다. 또한 퇴직 후, 내가 어떠한 모습으로 살아야할지를 생각하게 해주었다. 지방기록원은 이 분들의 삶을 어떻게 기억할 것인가? 그 분들의 기록을 수집해서 기록원에서 관리해야 할까? 나는 그러고 싶었다. 두 남자의 기록이 탐이 났고 기록원에서 수집한다면 관리를 '잘'해줄 수 있다고 말씀드리기도 했다. 소독이니 탈산이니 기술이니, 기록관리의 전문적 용어를 남발하며 관리의 필요성을 역설하기도 했다. 처음엔 나도 그랬다. 또한 내가 속한 기록원은 내용물이 빈약하니 수집한다면 뽐낼 수 있을 것 같았다. 만약 나의 이 계획이 실현되어 그 기록들이 기록원으로 수집되어 왔다면 기록의 '소탐대실(小貪大失)'을 타 기관에 보여줄 만한 사례가 되었을 것이다. 그분들의 기록은 수집될 수 있어도 기록이 보존된 장소와 그 장소를 택하고 살아온 그분들의 기록정신은 수집될 수 없기 때문이다. 주남저수지의 철새, 푸른하늘 아래 아담한 기와집 한 공간을 차지하는 수많은 교과서와 노송의 여유를 뽐내는 너른 들판들, 그것 역시 기록이었기 때문이다.

지원하되 간섭을 줄이고, 두남자의 의지를 뒷받침 해줄 수 있는 기록원이 되어야 한다. 그저 그것이면 충분하다는 생각이 들었다.

10편

◆
◆
◆

아카이브들의 연대

머리 좋은 것이 마음 좋은 것만 못하고
마음 좋은 것이 손 좋은 것만 못하고
손 좋은 것이 발 좋은 것만 못한 법입니다.
관찰보다는 애정이, 애정보다는
실천적 연대가, 실천적 연대보다는
입장의 동일함이 더욱 중요합니다.
입장의 동일함, 그것은 관계의 최고 형태입니다.

　신영복선생님의《감옥으로부터의 사색》중 일부의 글이다. 이 글을
읽으면서 내가 어디까지 왔을까 생각해보았다. 기록관리 측면에서 본
다면 머리-마음-손 까지는 온 것 같은데, 발에서 멈칫하게 된다. 또
한 관찰-애정까지는 맞는데 연대-입장의 동일함에서는 고개가 숙여

진다. 부족함은 내게 숙명이라는 생각을 또 하게 되는 것이다. 요즘 나는 '대통령 기록전쟁(저 전진한)'이라는 책을 읽고 있다. 요지는 노무현-이명박대통령 시대에 일어났던 기록관련 사건들을 저자의 입장에서 전한 이야기다. 기록인이라면 누구나 관심 가졌을 그 사건, 대통령들의 기록전쟁 혹은 현대판 무오사화라고 하는.. 결국 역사적 소명으로 기록을 남긴 것이 친절하고 따뜻했던 누군가를 잃은 결과를 초래하게 되었다.

이 책을 읽으면서 나는 이때 무엇을 했을까 생각해봤다.

나는 '관찰자' 정도 수준의 기록인이었다. 기록연구사로 임용 된지 얼마 되지 않은 '새내기'라 불러도 괜찮은 그 시절, 이것으로 변명한다면 구차한 것이다. 임용되지 않은 대학원의 학생들은 사관복을 입고 공공기록물법의 퇴행적인 개정에 반대했고 누군가는 따뜻했던 그 분의 진심을 전하려 노력하다 좌천당하기도 했다. 수 많은 기록인이 피해를 입었다. 또한 누군가는 그 속에서 방관했을 것이고, 또 누군가는 수혜를 입기도 했을 것이다. 구차하게 변명 하자면 나는 '단체' '연대' 이런 단어들이 낯설고 불편하다. 무엇인가를 함께 하는 것이 "눈먼 망아지 워낭소리 듣고 따라간다"라는 말 같아서 개인적으로 사명이 생기는 일 아니면 가급적 참여하지 않는다. 때문에 나는 모르기도 했고, 알기도 원하지 않았던 그 소용돌이 속에 철저한 관찰자로 임했을 것이다. 어쩌면 작은 움직임도 거부했던 시절이었다.

그러나 기록원으로 발령받은 후, 이곳은 연대 없이 독자적으로 일을 꾸리는 것이 매우 비효율적인 곳이라는 생각이 들었다. 기록관과 달리 기록원은 도민의 삶과 밀접한 연관성을 가지고 있기 때문이며 '처음'이라는 낯설음은 다른 곳을 궁금하게 만드는 원동력을 가지기도 한다.

2019년 겨울, 경상남도기록원과 서울기록원 직원들이 우여곡절(?)

끝에 만났다. '우여곡절'이라는 의미는 시간을 맞추는 과정이 매우 험난했고 그로 인해 포기하고 싶은 마음이 들 때도 있었다는 것을 의미한다. 그러나 내가 제일 뜻 없다 생각하는 말이 '시간이 없어서'라는 말이다. 그것은 시간의 문제는 아니라 의지의 문제이기 때문이다. 때문에 나는 '그럼에도 불구하고' 만나야 한다는 의지를 피력했고 우리는 만났다. 의지의 발로는 '연대'의 중요성이고 연대로 인해 경상남도기록원에 일어날 '풍지평파(平地風波)'를 기대했기 때문이다.

혹여나 나 같은 선배들이 후배들에게 기록관리 업무를 수행하는 모습의 전부가 되지 않도록, 더 넓은 곳에서 많은 사람들을 만남으로써 역량 있는 기록연구사로 나아가길 바랬다.

서울기록원은 경상남도기록원과 많이 다른 기관이었다. 만들어지는 과정, 설치형태, 함께하는 사람들의 참여도 등 많은 것들이 경상남도기록원의 모습과 달랐고 또한 배울 점이 많은 곳이었다. 1박2일 동안 이야기하고, 밥 먹고, 또 이야기 하고 밥 먹고 하는 시간들 속에서 기록원 설립 전·현재 그리고 미래에 대해 의견을 나누었다. 다양한 의견들 속에 우리들 각자의 마음에 취사선택하는 과정이 있었고 그 경험으로 우리 모두의 능력이 한 뼘 자랐다고 생각한다.

경남-서울기록원 토론

경남-서울기록원 업무협약

나의 첫 의지적인 연대 경험이다.

연대란 무엇일까? 후불제 민주주의(저 유시민)라는 책에 의하면 "민주주의를 존중하려는 선의가 거의 없어 보이는 권력의 도전에 맞서… 악한 상황의 종식은 선을 행하려는 의지를 가진 평범한 사람들이 서로 손 잡는 수 밖에 없다. 그렇게 하지 않으면 '처음 그들이 왔을 때' 나와는 아무도 관계 없어 보이던 악한 상황이 언젠가는 나와 내 가족을 덮칠 것이다… '선의 연대'가 필요하다."라고 끝맺음을 하고 있다. 공공과 민간의 수많은 아카이브들의 의지적인 연대가 필요하다. 그래야만 권력자의 선의에 의해 반등되는 기록관리가 큰바람에 휘어질지언정 부러지지는 않을 것이기 때문이다.

신영복 선생님의 글에서처럼 연대는 발과 입장의 동일함을 가져야할 것이다. 그저 입으로만 하는 연대, 글로하는 연대, 상황에 따라 변화하는 연대는 힘이 없다. 물론 나는 이 글을 쓰면서도 두렵다. 개인주의자로서의 삶에 만족하는 내가 이 글로써 책임져야 할 일들이 있을 것 같아서이다. 고뇌가 필요 없는 '즐거운 연대'가 될 수 있길 진심으로 바래본다.

11편

◆
◆
◆

기록의 나라, 기록인 대회
현실이 된 꿈 경상남도기록원

나는 가을을 좋아한다. 그냥 좋아하는 것이 아니라 '참' 좋아한다. 때문에 차가운 바람이 불 때부터 기분이 좋아지는데 감나무에 달린 감이 익어 바닥으로 떨어지듯, 토실토실 알밤이 밤송이를 밀고 낙엽위로 투 툭 떨어지듯, 흥겨운 내 기분은 자연스럽게 주위에 전파되곤 한다.

기분도 이러할 진데, 기록인들의 축제, 전국기록인대회도 가을에 열린다. 기록인으로서, 개인 '전가희'로서도 즐거운 일이다. 전국기록인대회는 2009년, 1회를 시작으로 올해 11번째를 맞이한 전국적인 기록관리 학술대회다.

그동안의 대회를 주제로 살펴보면 다음과 같다. 1회(기록관리, 내일을 연다/2009), 제2회(기록관리 전문성을 말하다2010), 제3회(기록관리의 사회적 책임/2011), 제4회(소통, 거버넌스, 기록관리/2012), 제5회(기록관리, 지평의 확대/2013), 제6회(기록관리와 민주주의/2014), 제7회(지방을 살리는 힘, 기록관리/2015), 제8회(기록관리 기본을 다시 생각한다/2016), 제9회(현장에서 기록관리의 미래를 본다/2017), 제10회(기록공동체의 오늘, '나'에게 묻는다/2018), 제11회("무한의 아카이브" 따로 또 같이/2019)

공공기록물법이 처음 만들어진 1999년 이후, 10년 동안 기록학의 선배님들이 각개전투로 고생한 결과물을 공론화하는 대회가 2009년 처음 열렸고 매년 새로운 주제로 그 해의 기록관리 사안들을 총정리 하면서 다시 10년이라는 시간이 흘렀다.

각 연도의 학술주제는 그 해 기록인들의 공통적인 고민의 결정체라 생각한다. 모든 기록인들의 합일된 주제는 아니겠지만 한번쯤 고민 해 왔을, 고민이 필요한 주제들이 한해도 거르지 않고 꾸준히 발표되고 있다. 올해 주제는 "무한의 아카이브 따로 또 같이" 라는 주제였는데 기록관과 유사기관인 박물관, 도서관, 미술관의 아카이브를 함께 이야기 해보고 이러한 아카이브들이 기록관과 같이 갈 수 있는 방향을 모색해 보는 내용이었다.

대회장소는 부산(부산대학교)에서 열렸고 매년 그러하듯 이틀에 걸쳐 기록학의 다양한 주제들이 논의되었다. 첫째 날에는 우수논문 시상과 함께 앞서 말했던 박물관 등의 사례를 살펴보았고 둘째 날에는 현장에서 기록관리를 하면서 느끼고 생각한 고민의 결과물을 같은 길을 걷는 기록인들과 공유하는 자리였다. 총 16개 세션으로 구성되었고 기록물 보존·복원, 기초자치단체의 기록관리, 대통령 기록관리 혁신, 마을기록에 관한 내용까지 다양한 주제들이 발표되었다. 나는 그동안 책으로만 뵈었던 오항녕 교수님의 발표를 들었는데 주제는 "時空(시공)을 넘어 만난 기록인, 사마천과 헤로도토스"였다.

요지는 동서양에서 각각 역사학의 아버지라고 불리는 사마천과 헤로도투스에 대해 설명하면서 대중이 이들에 대해 편견을 갖고 있는데 그것은 역사를 기록(archives)이 빠진 "이야기=역사서술"로 간주한다는 것이다. 사마천이 "전해 내려오는 것을 간추려 정리하려 할 뿐, 창작하려는게 아니다."라고 했음에도 불구하고 일부 사람들은 사기에 지어낸 이야기가 있다고들 했고, 그 일부사람들 중에 지식소매상이라고 불리우는 유시민작가님이 계신다고, 교수님은 우스개 소리로 알릴레오에 나가 토론하는 시간을 갖겠다고 말씀하셨다. 마지막으로 교수님은 동서양을 막론하고 역사가는 1차적으로 기록인, 아키비스트였다라고 말씀하시며 우리가 흔히 지어낸 이야기처럼 들리는 그들의 서술은 당시 심문기록, 견문, 구술 등을 채집한 결과며, 그 수집 기록 가운데 그들이 보기에 신뢰성 있는 자료를 선별, 평가한 결과임을 다시한번 주지시켜 주었다.

이어지는 발표에는 "민간기록관 홈페이지 구축 및 관리: 4.16 기억저장소 홈페이지 구축사업"이 주제였다.

4.16기억저장소 기록팀에서 새로운 홈페이지를 구축하기로 했는데 시간이 지나도 세월호 참사를 잊지 않도록, 기억을 떠올릴 수 있는 공간을 목적으로 일반인, 누구나 상관없이 방문하고 기억할 수 있도록 하는 것이 기획의도였다고 한다. 이 의도로 시작한 홈페이지 구축작업이 2018. 5월에 착수, 2019. 6월에 오픈했는데, 오픈까지의 과정에 대한 내용(기획, 디자인, 개발·검수)이 상세히 설명되어 있었다. 홈페이지 구성 중 "사료이야기"라는 곳이 있었는데 이곳에 전시된 아이들 옷에 대한 설명을 듣는 과정에 나도 모르게 주책스럽게 눈물이 났다. 4.16(세월호) 사건을 가장 잊고 싶은 사람들은 4.16희생자들의 유가족이라는 신문기사를 봤는데, 이러한 사진이나 내용들을 기록하기 위해 유가족분들은 얼마만큼의 기억을 했어야 했을까? 당사자가 아니면 아

무도 가늠할 수 없을 것이다.

이 글을 보시는 분들은 시간을 내어 4.16 기억저장소 홈페이지에 (http://www.416memory.org) 방문하시는 것을 권해드린다. 이렇듯 기록인 대회는 기록이라는 공통된 주제를 가지고 그것의 전문적인 분야 뿐만 아니라 사회에서 일어나는 중요한 사건들을 기억으로 끝내지 않고 공동체 일원으로 기록하는 과정과 결과물을 제시하고 공유하는 자리다.

나는 2010, 2017년 그리고 2019년, 3번 정도 이 대회 발표자로 참석 했다. 세 번의 발표 중, 2019년은 특히 나 스스로 감개무량한 발표였다. 이유는 2010년 발표했던 고민의 결과물을 2019년 이루었다는 내용으로 발표했기 때문이다. "이루다"라는 단어가 부끄럽기도 하고, 내가 참여했다고 하기에는 매우 부족하기에 주제넘지 않은지 조심스럽기도 했지만 주어진 기회를 빌어 담담하게 설명했다.

2010년 주제는 "경상남도 지방기록물관리기관 설립에 관한 고찰"이었고, 2019년은 "경상남도기록원 설립과 향후 발전방향"이었다. 2010년 "지방기록물관리기관"은 그저 꿈이었던 기관이었고 발표 내용도 현황

2019년 기록인대회 개회식   저자의 발표

정도의 수준으로 기관설립의 꿈을 구체적으로 논의하고 상상하기에는 모든 것이 부족했다. 그러나 우리 경상남도는 2018년 지방에서 처음으로 지방기록물관리기관을 설치한 도시가 되었다. 어떠한 상황이었든, 형태였든 유일무일한 '최초'라는 타이틀을 가지게 되었고 그 타이틀이 전부가 되지 않도록 현재 노력하고 있는 중이다.

그때 나는 이 말이 현실이 될 것이라는 생각을 했을까? 당시 나는 분홍색 가디건을 입은 새내기 연구사로 모든 것이 불가능하고 모든 것이 가능한 상태였다. 법을 절대 절명으로 끌어 앉았지만, 법의 이상이 현실에 정착되지 못하는 이유를 깊이 있게 고찰하지 못한 시절이었다. 2007년 전면 개정 시행된 공공기록물법의 핵심 조항인 "지방기록물관리기관"이 어린 내 마음엔 단순한 포부였을까? 지금도 기록관리 현실에 대해 이구동성 어렵다고 하는데, 그 당시는 오죽했을까 싶지만 희망의 언어는 어느 때이고 필요하다는 교훈을 준 개인적인 사례였다.

가끔 나는 동료들에게 이런 말을 한다. "우리가 상상을 못했을 뿐, 상상을 할 수 있다면 현실은 가까워 온 것"이라고. 물론 상상의 빈약함을 탓하는 나 스스로에 대한 달금질의 성격이 강하기는 하나, 기존 행위를 답습하는데 그치는 우리 업무처리 방식 등에 대한 문제제기 일수도 있을 것이다.

올해 학술대회는 나의 이러한 말을 현실에서 실천하게 해준 고맙고 소중한 시간이었고 앞으로 살아갈 날이 더 많은 스스로에게 자신감을 가지게 해 준 뜻 깊은 날이기도 했다.

며칠 전, 철새들이 나는 것을 유심히 본 일이 있었는데, 무리를 지어 가는 것도 신기했지만 무리에서 떨어진 두 마리 철새가 다시 돌아 그 무리로 돌아가는 과정이 더 신기했다. 무리에서 떨어진 두 마리가 낙오되는 것을 걱정하며 그것들이 다시 무리로 돌아가길 응원했는데, 무리의 날개짓은 가벼워지고, 낙오된 두 마리의 날개짓은 더욱 빨라지는 그들만의 균형으로 결국 철새들이 다시 만나는 것을 보았다. 나는 무한의 아카이브들이 철새의 본능만큼 함께하길 바란다면 따로, 또 같이 가는 것도 어렵지 않을 꺼라 생각하며 이 글을 맺고자 한다.

04장
다시 즐거운 혁신

01편

⋮

기록관리와 정보공개

　　　　　　　　　사실관계를 다시 집고 가는 것이 필요할 것 같다. 2017년 전국기록인대회, 지인이 나가지 말라고 했음에도 불구하고 '굳이' 나가 말이 글을 망친 개인적으로 후회가 많은 대회다. 또한 사람들에게 나의 의도를 잘 전달하지 못해 오해를 불러일으킨 대회이기도 하다. 나의 주장은 "기록연구사는 기록관리 업무를 해야한다. 정보공개가 겸업이 되면 기록관리업무는 뒷전일 수 밖에 없다. 만약 정보공개를 해야 한다면 정보공개를 하는 기록연구사를 한명 더 채용하는 것이 필요하다."라는 내용이다. 이 주장에 많은 사람이 반대를 했고(기록관리와 정보공개는 함께 가야 한다는 취지로) 그러나 일부 사람들은 (물론 전적으로 내 의견에 의한 것은 아니나) "정보공개를 기록관에서 하면 안된다. 기록연구사는 정보공개를 하면 안된다. 이런 식으로 생각을 했고 더 나아가 공공기록물법의 기록관업무에 '정보공개'를 빼야한다."

까지 기록과 정보공개를 분리하는 의견들을 내기 시작했다.

　나는 기록관리와 정보공개업무는 함께 수행하는 것이 맞다는 이야기를 하고 싶다. 기록관리의 최종적인 목표 중 하나가 적극적인 정보공개니 말이다. 다만 내가 그 주장을 했던 것은 일부 기록연구사들이 기록관리 외 정보공개 업무를 맡게 되면 기관이 원하는 일인 '정보공개'에 치중해 기록관리는 뒷전인 경우를 종종 봐왔기 때문이다. 나도 기록관리업무 초창기에 시군점검을 가게 되면 "혹시 기록연구사에게 타 업무를 주셔야 한다면 공공기록물법에 나와있는 '정보공개'업무를 수행하도록" 권고하곤 했다. 기록관리와 정보공개는 짝꿍이라는 것을 처음부터 알고 있었던 것이다. 다만, 시간이 흐르면서 기록관리보다 정보공개를 우선시하는 기관의 의지는 기록연구사들에게 자부심을 주지 못하고 있는 기록관리를 외면하는 결과를 가져오게 되는 것을 봐왔기 때문에 우리의 정체성을 되찾자는 의미에서 그런 주장을 하게 된 것이다.

　나의 이러한 의도에도 불구하고 그날 발표자인 나는 정보공개를 하지 말자는 주장, 나 외 사회자, 토론자는 정보공개의 중요성을 이야기하는 맥락 없는 결과를 대중에게 부여했다. 부덕의 소치며 과욕이 부른 참사다.

　그 이후 나는 발표는 외면을 했다.(2019년에 다시 발표를 하기는 했다.) '말하기'는 나와 맞지 않는다는 생각이 들어서이고 이후 종종있는 나에 대한 오해의 의견들은 무시하고 말았다. 해명하기에는 시간이 지났고 나 자체가 그리 영향력이 있는 사람도 아니니, 그저 한 연구사의 개인적인 의견으로 치부할 수 있을거라 생각했기 때문이다. 그러나 이 자리를 빌어 해명하는 것은 내가 기록관리와 정보공개는 상호호혜적인 관계란 것을 말할 때 혹시 그날 나의 말을 듣고 오해한 누군가가 이 글조차 의심하지 않기를 바라서이다. 내 진심은 그때나 지금이나 정보공개의 중요성을 누구보다 알고 있으니 말이다.

청주시 행정정보공개조례(1992)로 시작된 우리나라의 정보공개 역사는 법이 먼저 만들어진 기록관리와 달리 지역에서 중요성을 인식함으로써 시작된 풀뿌리 민주주의의 일환으로 볼 수 있다. 또한 그 이후 정보공개제도는 기관에서 중요한 업무 중 하나로 인식되고 있고, 공개에 대한 요구가 시민들에게 일상화되었다 할 정도로 인식의 저변도 넓다. 이는 1999년 시작한 공공기록물법이 제정된 후 기관에 관련 법률을 실행할 전문인력을 배치한(오히려 정보공개법의 성과보다 더 나은 결과를 가져온) 눈에 보이는 결과보다, 인식의 확장 면에서 본다면 영향력은 정보공개업무가 훨씬 높은 수준이다.

이는 기록관리 측면을 제외한다면 시민의식의 성장, 공공기관의 투명성, 신뢰성 측면에서 매우 의미있는 결과일 것이고 환영할 만하다. 물론 정보공개가 일부 이익단체들의 개인적인 이득을 얻기위해 이용된다든지, 정보가 궁금한 것이 아니라 해당 기관을 면박주기 위해 이용되는 등 부작용도 있다는 것을 부정하지 않지만 정보공개로 인한 시민의 공공기관에 대한 권리획득 혹은 그로 인해 생겨난 신뢰는 일부 문제점을 덮을 만큼 중요하다.

2002년 참여연대 정보공개사업단에서 정보공개운동을 시작한 전진한 선생님의 책(대통령 기록전쟁, p212)에 보면 정보공개에 대해 다음과 같이 정의하고 있다. "시민의 알권리는 시민의 살 권리이며, 정보의 유통은 곧 피의 흐름과 같아서 어느 순간 정보의 흐름이 막히면 동맥경화처럼 반드시 우리 사회에서도 문제가 발생할 수 밖에 없다."

이렇듯 정보공개에 헌신한 전진한 선생님이 기록관리 전문서로 읽히는 "대통령기록전쟁"이라는 책을 왜 썼을까? 그리고 그는 왜 본인을 정보·기록 전문 활동가라고 불리기 원할까? 같은 책에 보면 다음과 같은 말이 나온다. "법은 존재했으나 누구도 법을 지키려고 하지 않았다. 공공기관에서는 공공기록물법을 지키려는 의지도, 능력도, 인프라도 없었다. 그러다 보니 공공기록물법은 사문화된 법으로만 존재했다. 필자가 참여연대 정보공개사업단에서 정보공개운동을 시작했던 2002년에는 기록관리가 제대로 되지 않아 정보공개청구에 '정보 부존재'라는 답변을 끊임없이 받았다. 기록이 왜 없냐고 물으면, 담당자들 대부분이 전임자의 일이라 모른다고 답변했다. 정보공개 청구에 대한 비공개 답변 중 과반수가 '정보 부존재'였다. 법으로는 반드시 있어야 하는 정보인데, 정보가 없어져도 책임지는 곳이 없었다. 이런 답변에 지쳐, 시민운동을 그만둘지 진지하게 고민할 정도였다. 결국, 참여연대 정보공개사업단은 정보공개운동을 잠시 중단하고 기록관리 운동으로 전환하기로 결정한다. 본격적으로 기록관리전문가들을 만나기 시작했다. 그들이 전하는 공공기관의 실태를 듣다 보면, 나라가 망하지 않은 것이 신기할 정도였다. 공공기관의 실태는 마치 전셋집에 살면서 계약서 없이 사는 꼴이었다."

물론 지금은 이 정도는 아니겠지만 당시 상황은 '나라의 존폐'를 걱정할 정도의 사정이었다고 하니 정보공개를 전문으로 하는 시민단체가 기록관리운동을 시작한 것은 무리도 아니었을 것이다.

이 경우를 본다면 기록관리는 안전한 보존과 효율적 활용이 목표인 것이고 정보공개는 적극적 공개가 목표니, 일견 다르다고 할 수 있으나, '안전한 보존'도 시간이 흐르면 '공개'가 목적이 될 것이니 결국 기록관리와 정보공개는 목표면에서 거의 유사하다고 할 수 있다. 대신 공공기록물법의 비공개 혹은 지정기록물 제도는 기록의 '생산'을 억제하는 심리를 완화하기 위한 보완적 제도라 볼 수 있다. 즉, 다시 말해 공공기록물법과 정보공개법에서 함의하는 모든 것은 결국 '공개와 활용'으로 볼 수 있을 것이며 이를 통해 눈으로는 볼 수 없는, 추상적이기 때문에 논리적으로 설명하기 힘든 공공기관에 대한 시민의 신뢰성, 투명성을 제고할 수 있을 것이다.

이러한 신뢰들은 당장은 드러나지 않지만 재난상황이 닥쳤을 때 위기를 극복할 수 있는 힘을 준다. 예컨대 코로나19의 경우 시민의식이 중요한 때 그들이 정부를 신뢰하지 않는다면 어떤 결과를 초래하게 될까? 아마 세월호 사건의 경우처럼 "선장이 자리를 지키세요. 라고 말하면 밖으로 나가는게 우선순위라고"서로들 말한 것처럼 정부지침에 의존하지 않고 행동하게 되어 큰 곤란에 처했을 것이다. 정부에 대한 신뢰는 일상에서는 크게 드러나지 않지만 위기에 순간, 상황을 이겨내게 해준다.

나는 '신뢰'에 대해 생각할 때면 떠오르는 대화가 있다. 논어 안연편에 나오는 자공과 공자의 대화다.

"자공(子貢)이 정치에 대해 묻자 공자가 말했다. "식량이 족하고 군대가 충실하면 백성들이 정부를 믿게 되어 있다." 자공이 물었다. "부득이 버려야 한다면 이 셋 중에 어떤 것을 먼저 버려야 합니까?" "군대를 버려야지." 자공이 또 물었다. "부득이 버려야 한다면 이 둘 중에 어떤 것을 먼저 버려야 합니까?" "식량을 버려야지. 자고로 사람은 누구나 다 죽지만, 백성들은 믿음이 없으면 살아갈 수가 없게 되는 것이다."(子貢問政. 子曰, 足食, 足兵, 民信之矣. 子貢曰, 必不得已而去, 於斯三者何先. 曰, 去兵. 子貢曰, 必不得已而去, 於斯二者何先. 曰, 去食. 自古皆有死, 民無信不立.)」(《논어(論語) 〈안연(顔淵)〉》"

즉 신뢰가 없으면 살아가기 힘들다는 것을 말하는 '무신불립(無信不立)'이다. 그저 이 말이 우리가 흔히 말하는 공자왈맹자왈의 터무니없는 소리를 말할까? 아니라고 생각한다. 그것은 나뿐만 아니라 많은 사람들이 가지고 있는 개인적인 경험만으로도 충분히 이해할 수 있을 것이다. 기록관리와 정보공개, 공공기관이 가질수 있는 신뢰의 핵심이라 주장해도 어색하지 않다.

마지막으로 정보공개 업무에 대하여 제안하고자 한다. 정보공개로 인해 이미 공개된 문서들을 서비스하는 시스템이 있으면 어떨까? 아니면 기(旣) 운영중인 정보공개시스템 내 ① 국민이 찾기 전에 먼저 공개 ② 원문 그대로 공개 ③ 국민이 청구하면 공개 외 "④ 국민이 이미 청구해서 공개한 기록"의 페이지를 하나 더 만들어 이미 국민이 청구한 내용을 다시 청구하는 비효율을 감소시키고 처음에는 '공개'했다가 그 이후 담당자 변경으로 인한 실수 혹은 고의 등으로 '비공개'하는 사례도 막을 수 있으며 국민이 공공기관에 무엇을 보기 원했는지 알 수 있을 것이다. 원문정보공개의 이용자는 일반 시민보다 기자나 공무원, 시민단체 등 공공기관에 대한 이해가 높은 계층이 주로 활용하기에 그것이 국민의 관심도라 보기에는 어려울 것이다. 국민들은 일반적으로 알고 싶은 정보가 무엇인지 어떻게 찾아야 하는지를 잘 모르기 때문에 정보공개제도를 이용하여 '청구'하는 경우가 일반적이기 때문이다. 그 외 개인적으로 바라는 사항은 터무니없는 공개요구들도 있다는 것을, 그로 인해 꼭 필요한 정보를 공개하기 위한 시간을 허비할 수 있다는 사실을 국민들에게 주지시킬 필요도 있을 것이다.

02편

∵

기록이란 무엇인가?

        공공기관에서 보유하고 있는 기록이 유출되었다. 그 문서는 행정안전부(이하 "행안부"라 한다)에서 배포한 전국에서 공통으로 쓰고 있는 온나라(전자문서생산시스템)시스템에서 생산·유통된 것이 아니라 구두로 전하기 힘든 내용들을 윗선에 보고하기 위해 요약해 만든 '업무보고' 자료이거나 다양한 행정정보들을 공무원 내부 직원들이 볼 수 있도록 내부시스템에 게시된 자료일 수 있다. 이 경우 이러한 자료를 '기록'으로 보며 공공기록물법의 처벌규정에 준하여 처벌할 수 있을까? 혹은 모 공공기관이 기록을 생산하기 위한 시스템을 개발했을 때 그것으로 생산한 자료는 기록일까? 여기에서 일반인들이 헷갈리는 것이 공문서와 기록이 어떻게 성립되는가에 대한 개념이다.

    "공문서"란 행정기관에서 공무상 작성하거나 시행하는 문서(도면·사진·디스크·테이프·필름·슬라이드·전자문서 등의 특수매체기록을 포함한다. 이

하 같다)와 행정기관이 접수한 모든 문서를 말하며(행정효율과 협업촉진에
관한 규정 제3조) "공문서의 성립"은 문서는 결재권자가 해당 문서에 서
명(전자이미지서명, 전자문자서명 및 행정전자서명을 포함한다. 이하 같다)의
방식으로 결재함으로써 성립한다.(같은 규정 제6조) 즉 '서명'과 '결재'가
되면 공문서로써 성립된다고 말하고 있다.

　이러한 개념은 기록에도 적용된다고 알고 있다. 그렇다면 '기록'이란
무엇인가? 공공기록물법에 "기록물"이란 공공기관이 업무와 관련하여
생산하거나 접수한 문서·도서·대장·카드·도면·시청각물·전자문서 등
모든 형태의 기록정보 자료와 행정박물(行政博物)을 말한다.(제3조) 그
러나 기록의 성립에 대해서는 별다른 규정없이 공공기관은 효율적이고
책임 있는 업무수행을 위하여 업무의 입안단계부터 종결단계까지 업무
수행의 모든 과정 및 결과가 기록물로 생산·관리될 수 있도록 업무과
정에 기반한 기록물관리를 위하여 필요한 조치를 마련하여야 하고(제
16조), 공공기관은 업무수행 과정에서 기록물을 생산하거나 접수하였
을 때에는 대통령령으로 정하는 바에 따라 그 기록물의 등록·분류·편
철 등에 필요한 조치를 하여야 한다.(제18조) 고 말하고 있다.

　기록은 공공기관에서 글을 쓰고 결재를 받고 서명 후 등록하는 행위로
성립되는 것이 아니라 공공기관이 업무수행과 관련하여 생산·접수한
문서 등등을 말하는 것이다. 즉 등록은 생산이 되었다는 것을 전제로
말하는 것이지 등록자체가 기록 성립에 필수조건은 아니다. 그렇다면
기록의 성립이 왜 문제가 될까? 이는 행정효율과 협업촉진에 관한 규
정에 없는 처벌규정이 공공기록물법에는 강하게 되어있기 때문이다.

　개정된 공공기록물법 제50조에 의하면 다음 각 호의 어느 하나에 해
당하는 자(기록물을 취득할 당시에 공무원이나 공공기관의 임직원이 아닌 사람

은 제외한다)는 7년 이하의 징역 또는 3천만원 이하의 벌금에 처하도록
했다.

(1. 제19조의2를 위반하여 기록물을 국외로 반출한 사람, 2. 제27조제1항 또
는 제2항을 위반하여 심사와 심의를 거치지 아니하거나 기준과 절차를 준수하지
아니하고 기록물을 폐기한 사람, 3. 제27조의3제1항에 따라 폐기 금지의 통보를
받은 기록물을 폐기한 사람)

또한 같은법 제51조(벌칙) 다음 각 호의 어느 하나에 해당하는 자(제1
호부터 제3호까지의 경우에는 기록물을 취득할 당시에 공무원이나 공공기관의
임직원이 아닌 사람은 제외한다)는 3년 이하의 징역 또는 2천만원 이하의
벌금에 처한다고 했다.

(1. 제19조의2를 위반하여 기록물을 은닉하거나 유출한 사람, 2. 기록물을 중
과실로 멸실시킨 자, 3. 기록물을 고의 또는 중과실로 그 일부 내용이 파악되지
못하도록 손상시킨 자, 4. 제37조제2항을 위반하여 비공개 기록물에 관한 정보
를 목적 외의 용도로 사용한 자)

때문에 서두에 있는 사례가 기록으로 성립된다면 제51조 1항에 의해
3년 이하의 징역 또는 2천만원 이하의 벌금에 처할 수 있다는 것이다.
"3년이하의 징역 또는 2천만원 이하의 벌금"은 전자거래금융법을 위반
하여 대포통장 명의인으로 등록된 경우 처벌받을 수 있는 경우이며,
도박 그 밖의 사행행위, 청소년성보호법의 온라인서비스제공자가 본인
이 관리하는 정보통신망에서 청소년등 음란물을 삭제하는 등의 조치를
취하지 아니한 경우 동일하게 처벌을 할 수 있다. 이는 그만큼 '기록'의
유출이 중대한 범죄라는 것을 비교해서 알 수 있다.

그렇다면 행안부에서 배포한 시스템(이하 '온나라')으로 기록을 등록
하지는 않았지만 시스템에 게시했거나 등록은 아니했으나 업무와 관련

하여 생산 한 것은 '기록'일까? 국가기록원에서 열린 연구세미나(공공기록물이란 무엇인가? 법적 개념과 성립 요건을 둘러싼 쟁점토론/2019.6.8.) 내용 중 국가기록원 법제업무 담당자의 발표자료에 의하면 "기록여부를 결정짓는 가장 중요한 기준은 기록이 공공기관 내부에서 해당업무와 관련한 자들에게 보고·검토 등을 통해 공식적으로 전달·공유되었는가. 그 보고·검토는 승인·의견수렴·실행·권고·후속조치 등 공식적인 목적을 가지고 있고 공공기관의 정책방향, 의견, 해석 등 고유한 정보를 포함하고 있어야 하며 그 결과 공공기관 업무에 영향을 미쳐야 하는 것"에 있다고 말하고 있다. 또한 "기록물을 생산한 주체인 각 공공기관이 스스로 자체 업무를 반영한 기록화 전략을 수립하고, 이행해야 한다"는 발표자의 주장에 '매우' 동의한다고 서술하고 있다.

법을 해석하는 국가기록원 입장에 따라 해석하자면 서두에 이야기한 두 가지 사례는 모두 기록으로 해석될 수 있다. 시스템에 등록하지 않았을 뿐, 해당 기록은 업무와 관련하여 공식적으로 보고·검토되었고 내용은 기관 의견임이 분명했기 때문이다.

기록의 성립에 대한 또 다른 의견으로, 행정안전부 법무관은 "기록물은 공공기관이 업무와 관련하여 생산한 문서 기타 기록정보 자료로, 문서는 공문서로서의 성립요건을 갖춘 경우에, 아직 문서에 이르지 않은 형태 등의 기록정보 자료는 공공기관이 생산을 위하여 마련한 조치에 따라 생산된 경우에 원칙적으로 기록물로 볼 수 있다. 그러한 경우에 해당하지 않더라도 상세한 입증을 바탕으로 기록물에 해당할 여지가 아주 없는 것은 아니나, 범죄의 성립과 형벌의 부과 기초로 삼기에는 상당히 어려울 것으로 본다"라고 했다.

해당 내용을 기준으로 보더라도 위 두 가지 사례는 기록으로 볼 수 있다. 왜냐하면 업무보고의 자료는 온나라시스템 등에 등록할 수 있고 내부시스템에 게시한 자료 역시 온나라시스템(공공기관이 생산을 위하여 마련한 조치)에 등록할 수 있는 문서이다. 또한 내부시스템에 게시한 것은 눈에 보이지 않지만 시스템 내에서 부여된 번호가 있을 것이기 때문이다. 해당 세미나의 모든 발표자, 토론자들이 기록의 성립이 결재나 등록은 아님을 이구동성 말하였기에 각 공공기관은 별도 지침에 따라 해당 기관에서 '기록'이라 불리는 유형을 기록화할 필요가 있다. 실무에서도 미등록하였으나 기록인 경우는 수없이 많다. 예컨대 일부 문서의 경우 편철만 할 뿐 등록하지 않은 사례가 상당수 존재하고 있으며(향후 등록에 있어 문제가 될 경우 기록관리시스템으로 등록 후 이관하기는 한다), 결재는 받았지만 등록번호를 부여받지 않은 중요문서들도 상당수 존재하고 있다. 때문에 '등록'이 곧 '기록의 성립'이라 볼 수 없다는 것은 설득력이 있다. 기록의 정의는 정보공개법에 정보공개와 관련성도 높으며 처벌규정 등 여러 가지 사안과 연계되는 것이기 때문에 기준이 필요하다.

그렇다면 두 사례의 결과는 어떻게 되었을까? 공공기록물법보다는 개인정보보호법에 의해 징계를 주었다고 알고 있다. 현실적으로 공공기록물법의 처벌규정은 그 강도로 보아 적용하기에 곤란한 경우가 많고 현장에 있다 보면 국가기록원만큼은 아니지만 '기록'이라는 것에 대한 해석이 필요한 경우가 많다. 또한 법에 규정되지는 않았지만 '등록'의 기준을 요구하는 경우도 있다. 이 경우 법, 표준, 지침에 해당 내용이 명확하게 나오지 않는다면 해당 기관의 기준이 필요하다. 그 기준은 공문으로 근거를 남겨야 하며 향후 문제가 될 경우 남긴 근거에 의해 해석되어야 할 것이다.

때문에 (국가기록원의 지침이 나온다면 좋겠지만) 각 공공기관은 해당 기관에서 생산되는 기록과 시스템에 대한 정의를 규정해 놓는 것이 필요하다. 물론 1인 기록관이라는 척박한 환경, 개념과 방식의 모호함에 따른 의구심과 책임문제에 대한 불안감 등으로 국가기록원이 공공기록물법 개정사항으로 해당 내용을 넣지는 않았다고 하지만 꼭 필요한 일이니 하나하나 머리를 맞대보면 꽤 괜찮은 결론이 도출될 것이라 생각한다. 현장에서 발생되는 다양한 경우를 산정하고 그에 대한 각 공공기관의 '기록'에 대한 기준수립은 필요한 일이다.

> ※ 참고: 기록의 개념과 적용에 대해서는 현재 재판 진행 중(10.4 남북정상회담 대화록 '삭제' 사건/현재 대법 전원합의체 계류 중)이므로 판결 이후 정의해야 한다고 모 원장님이 말씀해주셨다. 또한 기록의 개념 정의는 기록관리의 추상성을 오히려 부각시킬 수 있으니, 그것보다는 기관의 기록들이 관리의 범위에 속할 수 있도록 조치하는 것이 더 필요하다고도 하셨다.

03편

◆
∶
∶

작은 것들의 힘 =
경남마을기록원이 될 때까지

사춘기가 유난히도 늦었던 나는, 대학 3학년 때까지 '존재의 이유'를 묻고 다녔다. 때문에 닥치는 대로 읽었고, 닥치는 대로 활동 했으며, 아무도 접근할 수 없는 우울에 빠지기도 했다. 결국 그 해, 학교에서 시행하는 교환학생프로그램에 참가해 단 한 번도, 생각해본 적 없는 러시아 하바롭스크 사범대학에 1년 동안 수학하기로 했다.

나와 같이 동행했던 학생들은 모두 러시아어학과 학생들이었으나 나는 러시아어를 한 번도 배워본 적 없고, 관심도 없었던 그저 질풍노도의 시기를 보내면서 닥치는 대로 활동하는 중, 얼어걸린 곳에 가는 의문의 1인이었다. 내 관심은 러시아어가 아니었다. 그냥 떠나고 싶었다. 떠나고 싶은 마당에 완벽한 조건(생활비, 학비, 기숙사 모든 것이 제공되었다.)이 내 눈에 들어왔을 뿐이다.

'일본어만 빼고' 다 배울 수 있다는 호언장담을 하고 간 곳이기에 열심히 언어를 배우고 중국인, 일본인, 러시아인, 한국에서 온 유학생, 고려인, 다가갈 수는 없지만 나를 '소녀'라 불렀던 북한인까지 종종 인사하고 만나 교류했다. 아침이면 한국에서 온 유학생인 동생과 함께 달리기를 했는데, 워낙 추웠던 곳이라 밤새 술을 마신 누군가가 동사해 병원에 실려 가는 모습도 종종보곤 했다. 그러나 나는 그 세계가 좋았다. 러시아어 수업도 좋았고 고딕양식의 건물들과 6시가 지나면 아이와 함께 한손엔 유모차 한손엔 맥주를 가지고 강변에서 휴식을 취하는 모습도 좋았다. 우리나라에서는 보기 힘든 모습이나 사람들이 많이 다니는 강변에 햇빛이 쏟아지기만 하면 여인들이 달려 나와 비키니를 입고 태닝 하는 모습도 인상적이었다. 나는 다양한 것을 좋아했고 그 자유스러움을 느끼고 싶었는지 모른다. 한 학기가 지난 여름방학, 종종 들르던 한국문화원 도서관에 가, 책 100권 읽기 계획을 세우고 아무도 만나지 않고 한 달 동안 기숙사 방에 틀어박혀 책을 읽기 시작했다.(물론 지금 기억으로는 2주 정도 읽고 뛰쳐나가 근처 한국인 유학생에게 미친 듯이 무언가를 끊임없이 말했던 기억이 있다. 사람은 입력만 하고 살 수는 없는 것이다.)

그렇게 한 달을 보내고 좋게 이야기하자면, '원효대사의 해골 물 깨달음'처럼 지난했던 사춘기를 정리하는 깨달음이 생겼다. 나는 그 길로 홀연히 다시 한국으로 입국했다.(물론 입국하고 학교로부터 야단을 많이 들었다. 말도 안하고 입국했으니, 절차도 없이 마음대로 움직인 것이고 완벽한 조건을 다른 학생에게 넘겨 줄 수 있었는데 그 기회조차 내가 박탈했으니 말이다.)

그래서 나는 어떻게 되었을까? 득도하여 공중부양을 했을까? 산으로 홀연히 떠났을까? 아무것도 아니다. 대신 나는 모든 것을 정리했다. 나의 우울과 닥치는 대로 활동한 내용 모두를 그만 두었다. 그 후

나는 잘 걷지 않는 사람이 되었다. 움직임이 덜해졌다는 것이다. 몸도 마음도 움직임을 줄이기 시작했다. 대신 꼭 걸어야 할 경우 뛰었다. 마음 역시 그러했다. 나는 잔 고민을 멈추고 꼭 필요한 고민만 하고 해결은 신속하게 하려고 노력했다. 사람과의 만남도 신중했고, 개인적으로 영감을 받지 아니하면 가능한 연결을 피했다.

내가 왜 이런 이야기를 마을아카이브라는 소제목에서 하고 있을까? 개인적으로 '마을아카이브'관련 글을 읽으면서 활동적이지 못한 나를 생각했기 때문이다. 세상에는 유사하지만 다른 것이 있다. '활동적, 적극적' '품위와 품격' 이 둘은 같은 듯 하지만 전혀 다른 이야기다. 나는 비활동적이나 적극적이다. 우아한 음악을 듣고 커피를 마시고 책을 읽는 어떤 사람은 품위가 있어보이나 결정적인 말과 행동으로 품격을 상실하는 일이 종종있다. 품위가 외형을 말하는 것이라면 품격은 걸인도 갖출 수 있을 정도로 내면적이다.

마을아카이브는 나처럼 비활동적인 사람이 하기에는 매우 힘든 일이라 생각 했다. 마을아카이브는 지역 사람을 만나야 하고, 이야기를 잘 들어줘야 하고, 호응하고 연대 한 후, 할 수 있는 일이라고 생각했기 때문이다. 그러나 나는 마을아카이브가 하고 싶어졌다. 나에게는 그동안 조선왕조실록이 버거웠기 때문이다. 찬란한 유산이 꼭 남의 옷을 입은 것처럼 어색하고, 그것을 빗대어 이것을 말하는 것은 침소봉대하는 것 같아 겸언쩍기가 한 두번이 아니었다. 대신 그것을 통해 내가 품격있는 연구사처럼 보이길 원했던 것 같다. '누구나, 마을아카이브'라는 책이 있다. 누구나 할 수 있다는 뜻인지, 누구나 해야 한다는 뜻인지는 모르겠지만 전자의 의미로 해석해서 나도 할 수 있다는 말처럼 들렸다. 그렇다면 깨달음을(?) 얻은 후, 활동성을 잃고 개인주의자로서 만족하는 내가, 마을아카이브를 할 수 있을까?

이 책이나, 다른 마을 혹은 민간아카이브 관리를 주장하는 사람들의 논문과 서적들을 읽으면서 느낀 건, 공공과 민간의 연대가 반드시 필요하다는 것이다. 그동안 공공의 기록인으로 생활하면서 사람들을 모집 후, 직접 기록을 수집 한 적도 있었고, 용역업체를 선정해 그들이 하는 모습도 봐왔다. 그러나 공공영역의 민간기록 수집관련 활동은 매우 제한적이다. 메트로폴리탄인 서울을 제외하고 대부분의 공공기관은 예산 등의 이유로 사업을 지속해 나갈 수 없다. 또한 민간기록 수집은 늘 공공기록의 결락 보충 차원에서 업무가 수행되는 한계가 있다. 대신 공공에서의 민간기록 수집 장점은 '확실성, 신뢰성'에 있다. 공공에서 기록을 수집한다는 것은 그것의 가치를 공식적으로 인정한다는 말이며, 민간에서는 수집 후, 해당 기록이 관리되기 어렵지만 공공영역에서는 수집기록을 온전히 관리할 수 있는 체계도 갖추고 있으며, 몇십년이 지나도 그것의 신뢰는 무너지기 힘들다. 이는 민간에서만 오로지 수집한 후 일어날 수 있는 문제점을 보완할 수 있는 장점일 것이다.

예전에 '구술' 보다는 '인터뷰' 형식으로 어느 독립운동가의 아드님과 따님을 만날 기회가 있었다. 이런 저런 말 놔두고 내가 그곳에서 느낀 것은 공공영역의 기록관리 중요성이다. 이 분들은 내가 만나기 전, 수년전부터 많은 민간단체나 학교로부터 구술을 했다고 한다. 그래서 더할 말도 없다고 하는데, 문제는 그분들이 같은 말을 계속 반복해왔지만 그 기록들은 사라지고 다시 같은 말을 반복하고 있다는 것이다. 민간의 영역을 무시해서 하는 소리가 아니다. 그만큼 마을아카이브 또는 민간기록 수집은 공공과 민간이 함께 가야 한다는 것을 이야기하는 것이다.

이렇게 본다면 나 같은 비활동적인 공공영역의 연구사도 괜찮은 파트너가 될 수 있을 것이다. 활동적인 행위는 민간의 영역에서 담당하고 공공기관에서의 나는 그 외 필요한 것들을 지원하는 일은 가능할 것이다.

지역에는 지역을 사랑하고 그것을 온전히 남기기 위해 활동하는 연구자들이 많다. 특히 시청각기록이 중요해진 지금 사진 등을 통해 지역을 남기는 사람들이 많다. 방금 소개한 누구나 할 수 있다는 마을아카이브라는 책에서도 사이사이를 기록하는 '사이다'라는 잡지를 만드는 사람들, 강원도·수원에서 지역을 위해 아카이브 하는 사람들이 이야기가 나온다. 이런 분들이 주장하는 것 역시 '공공과의 연대'다. 대신 "지원하되, 간섭하지 않는다."라는 서구의 민간기록 수집 정책처럼은 아니겠지만 '간섭'이 덜 할 수 있는 체계를 주장하고 있다. 또한 공공기관에서 민간기록의 수집 원칙인 '기증'의 경우, 10년간 생산자의 활용권을 보장할 수 있는 체계도 주장한다.

경상남도에서도 유의미한 작업이 있었다. 경남연구원에서 2019년 기획연구한 "경상남도 근현대 민간사진기록물 보존 및 활용방안"이다. 이 연구에서는 경상남도 공공영역의 민간기록 관리실태, 현재의 민간기록 현황, 그 중 사진기록의 중요성을 연구하였고, 이를 위해 도민을 대상으로 하는 생애사진첩발간 행사, 민간사진기록 수집 전문인력 양성, 민간기록 수집공모전 및 사진전 개최, 마지막으로 경남스러운, 경남다운 민간기록물 아카이브 '(가칭)경남스타일' 구축을 주장했다. 이 연구보고서는 익명이지만 현재 18개 시·군 기록관의 사진기록 현황분석과 민간에서 소장하고 있는 중요 사진기록 소장자와 내용을 제공하고 있다.

이 연구보고서는 여기서 끝날 것이 아니다. 주장이 주장으로 끝내버리면 기대는 상상으로 끝난다. 상상이 현실화될 필요가 있을 경우, 나 같은 공공의 사람이 뛰어야 할 필요가 있을 것이다. 이미 마을기록이 활성화 된 곳은 민간과 공공이 협동하여 일을 수행하는 것이 가장 바람직할 것이나, 경남의 경우 경남스타일을 구축하기 위해서는 연대도 필요하지만 연대할 대상이 없을 경우 공공이 앞장서 가다, 연대의 대상을 만들 필요성도 있다. 지역의 상황을 잘 이해하고 그에 맞춰 업무를 수행하는 것이 필요하다. 경남의 경우 공공에서 우선적으로 민간기록 활동을 주체적으로 수행할 필요가 있다. 물론 경남에도 기록수집에 대한 열정이 있는 분이 있어 그분들의 지혜를 얻는 것도 필요하다.

민간기록수집과 마을아카이브는 이제 거대담론이 기록학과 역사학의 주류였던 지난 세대를 넘어 개개인의 삶의 기록이 중요해진 지금, 그리고 앞으로도 중요한 업무가 될 것이다. 또한 '기록학, 역사학'이 '품격, 품위', '활동성, 적극성' 처럼 다르다는 것을 주장하는 하나의 도구가 될 것이다. 다르다는 것을 주장할 필요성이 있느냐는 질문도 있을 수 있지만 비슷하지만 다른 것을 주장하는 것은 하나의 학문을 주체적으로 발전시키는 데 필요한 정체성이기 때문이다. 지금의 기록인들이 조선왕조실록이라는 역사적 산물에 의존해 왔다면 현(現) 기록인들은 미래세대가 의존할 또 다른 아카이브를 생산, 관리할 의무도 있기 때문이다.

비활동적이지만 적극적인 나는 기록관리가 품격을 가질 수 있도록 노력할 것이다. 나는 아직 기록관리를 해 온 시간보다 앞으로 할 시간이 더 많은 기록인이며 역사학자가 아니라 마지막까지 기록인으로 영광스럽게 있길 바라기 때문이다.

04편

◆
◆
◆

코로나19를 기록하다

기차를 타고 가고 있었다. 음악도 듣고 책도 읽었다. 여유로운 아침을 기차에서 맞이하는 중이었다. 자리에 앉아 느긋하게 웹서핑도 했다. 이때부터였을 것이다. 불안과 초조가 밀려들었다.

"31번 환자", 그로인해 내가 살고 있는 경남지역 코로나19 확진환자 발생, 실시간 집계되는 확진자 증가, 턱에 걸었던 마스크를 입으로 다시 가져갔다. 그리고 주위를 둘러보았다. 혹여나 기침을 하는 사람이 있을까? 동대구역에 섰을때는 그 불안이 공포로 자리잡기 시작했다. 신을 향한 간절한 기원, 수시로 손을 씻기도 했다. 기차에서 내려 약속 장소인 대전에 소재한 대학교에 갔을 때 상대방을 위해 커피라도 사갔어야 하는데, 어디에도 갈 수 없어 택시만 타고 도착해 건조하게 만남을 가지고 성급히 일어섰다.

나는 그날 사람이 한 명도 없는 대학교에서 마스크를 낀 채 다녔다. 공포였다. 이 시국에 출장을 와서 괜한 불안감만 조성하는 사람이 되지 않을까, 하는 걱정도 했다. 다시 택시를 타고 기차를 타러 가면서도 그 불안감은 줄어들기는커녕 가속화되고 일상은 공포가 되었다.

또한 출장을 다녀온 후, 함께 일하는 동료들에게 내가 감염원으로부터 지킨 행동을 '굳이' 설명했으며 코로나19에 걸릴 위험성이 없음을 말하기도 했다. 혹시 내가 감염원이 되지는 않을까 하는 불안감은 나뿐만 아니라 모든 사람의 걱정거리였을 것이다.

그러나 문제는 그날의 출장이 아니라 매일 실시하는 체온체크에서부터다. 나는 36.8에서 시작해 37, 37.2까지, 즉 기초체온이 높은 사람이었다. 때문에 밥을 먹은 직후나 따뜻한 물을 마시면 온도가 더 높아졌고 개인적으로 춥다고 느낄만해야 36.5가 되었다. 평소였다면 남다르게 높은 기초체온으로 부러움의 대상이었겠지만(기초체온이 높으면 면역력이 좋다는 설) 이런 상황에 기초체온이 높은 것은 걱정거리 중 하나였다. 또한 그런 나를 보는 사람들에게도 걱정거리였을 것이다.

'강력한 사회적 거리두기'로 매주 가던 교회도 가지 못했고, 내가 믿는 종교는 코로나19로 사회적 지탄의 대상이 되었다. 크리스마스보다 더 중요한 행사 일 수 있는 '부활절'에도 교회가 열리지 못해 태어나서 처음으로 부활의 기쁨을 함께 누릴 수 없었다. 또한 나의 아이들은 학교를 가지 못해 집에서 인터넷, 티브이로 연명했고 움직임이 덜해 살이 쪘다며 매일 다이어트를 결심하고 실패하기도 했다. 그러나 다행히 사이좋은 형제여서 함께하는 이 시간들로 서로를 더욱더 의지하게 되었고, 코로나19 상황에서 생일을 맞은 둘째에게 첫째가 "함께 있어줘서 고마워, 사랑해 우리 동생"이라는 말을 하기도 했다. 나 역시 좋아하던 술을 덜 마시게 되었고 야근도 하지 않고 매일 정시퇴근으로 아이들과 더 많은 시간을 가지며 돈독해질 수 있었다.

코로나19에서의 나의 삶이다. 또한 많은 사람들이 나와는 다르지만 개인만의 당황스럽거나 슬프거나 혹은 즐거웠던 상황이 있었을 것이다. 세계적 펜데믹(pandemic) 상황에서 예외없는 우리나라의 코로나19를 기록해야 한다. 코로나19 진행 전·중·후의 상황과 대응, 이러한 상황을 겪으면서 나타나는 시민의 슬픔, 기쁨, 당황, 분노도 함께 기록해야 한다.

공공기관의 공식기록이 있을 것이다. 그 기록의 유형을 분석하고 정리하고 보존하는 것을 넘어 시민의 일상과 감정까지 함께 해야 한다. 재난기록에 대한 논문을 보면 예외없이 예시되는 사례가 있다. 미국의 9/11기록, 일본의 동일본 지진으로 인한 쓰나미, 이 두 사례에는 우리가 재난을 기록해야 할 때 참조할 수 있는 유의미한 내용들이 있다.

재난의 기록: 재난 보고서의 사회적 기능(최형섭/2014)을 요약해 보면 "모든 재난은 보다 나은 사회 구조를 설계하기 위한 계기가 된다. 재난의 발생은 그 자체로 현 사회 체계의 문제점을 극명하게 드러내기 때문이다.... 재난보고서의 목적은 재난이라는 복잡다단한 현상을 이해할 수 있는 형태로 정리함으로써 현 사회 체계의 문제점을 밝히고 새로운 정책적 방향을 제시해야 한다.

미국에 대한 테러리스트 공격에 관한 국가 위원회(이하 9/11위원회)는 의회 양당 5인의 추천을 받아 구성되어 2002년 11월부터 본격적인 활동에 돌입했다. 청문회를 개최하고, 면담하는 등의 활동을 통해 500쪽이 넘는 보고서가 나왔다. 이 보고서는 그동안 정부보고서로서는 독특한 형식을 띄고 있었다. 첫 문장만 간략하게 보자 "2001년 9월 11일 화요일의 미국 동부의 아침은 온화하고 구름도 거의 없는 날씨였다...(이하 중략) 공항으로 향하는 사람들로서는 안전하고 편안한 여행을 즐기기에 이보다 날씨가 더 좋을 수는 없었다. 메인 주 포틀랜드 공항에 도착한 여행객 등 중에는 모하메드 아타와 압둘 아지즈 알 오마리도 포함되어 있었다." 마치 장편소설을 읽는 것처럼 오사마 빈 라덴을 포함한 테러리스트들의 배경과 행적, 미국 항공 보안 체계의 문제점 등을 서사 형식으로 설명했다. 보고서 마지막 장에는 정부를 조직하는 새로운 방식이라는 수십개의 권고사항을 달았다. 9/11위원회 보고서는 미국의 일반독자들 사이에 큰 반향을 일으켰다. 2004년 7월에 출간, 며칠만에 인터넷 아마존의 베스트셀러 1위를 차지했다 일부전문가들은 9/11위원회 보고서가 정부의 책임을 다루지 않았다며 비판적인 목소리를 내기도 했지만 적어도 전문가 및 대중의 관심을 불러일으키고 새로운 사회구조를 설계하기 위한 민주적 토의의 장을 열었다는 측면에서는 성공적이었다 할 수 있다.

일본의 후쿠시마 원전사고 보고서도 마찬가지다 도쿄전력 후쿠시마 원자력발전소 사고조사위원회에서 준비한 보고서는 인터뷰, 900시간의 청문회를 거쳐 후쿠시마 원전사고는 자연재해가 아닌 명확한 인재임을 밝혔다. 이 보고서 역시 "원전의 진흥 또는 철폐를 포함한 일본의 미래 에너지 정책"에 대해서는 논의하지 않았다고 선을 그었지만 600쪽에 달하는 방대한 조사보고서를 시민들이 보다 쉽게 이해할 수 있도록 보고서에 대한 해설서와 해설 동영상을 제공하는 한편, 시민들이 참여할 수 있는 윤독회를 정기적으로 개최하는 등의 활동을 벌였다.

미국과 일본의 재난보고서는 철저한 조사와 내실있는 내용이라는 장점과 더불어 보고서가 특정인에게만 읽히고 사용되지 않고 모든 국민이 이를 쉽게 이해할 수 있어 재난의 교훈을 함께 공유했다. 이는 다른 나라에서는 볼 수 없는 보고서가 줄 수 있는 사회적 기능을 구현했다는 것에 더 큰 의미가 있을 것이다.

그렇다면 우리나라는 어떠할까? 최형섭의 보고서를 다시 보면 "1994년 성수대교 붕괴사고 이후 서울지방검찰청에서 내놓은 「성수대교 붕괴사건 원인규명감정단 활동백서」에 따르면 새로운 사회구조를 설계한다는 측면에서는 턱없이 부족했다. 보고서 발간사에 "성수대교 관계자들에 대한 형사책임뿐만 아니라 앞으로 이와 같은 사고발생을 근원적으로 차단하기 위해 사고원인을 과학적으로 철저히 밝히기로 하고..." 재난보고서는 재난상황에서 대응요령을 정비하기 위한 것만은 아니다. 재난 보고서는 새로운 사회구조를 설계하는

열화상카메라가 설치된 경남도청

[이천 화재 참사]유가족들 "다시는 이런 일 없게 한다더니...12년 전과 똑같아"

코로나19로 인한 사망자 248명(72일)의 15%인 38명(1일) 사망한 이천화재참사 기사(경향신문/2020. 5. 1)

민주주의적 의사결정 과정에서 대단히 중요한 역할을 수행할 수 있기 때문이다. 미국과 일본의 보고서는 모두 찬사만을 받은 것은 아니지만 적어도 시민사회에서 논의를 촉발시키는 계기가 되었다. 진실을 밝히되 책임을 떠넘기지 않고, 책임소재를 분명히 하되 그것을 새로운 안전시스템을 구축할 수 있는 기반으로 삼을 수 있는 집단적 성찰이 필요할 것이다."

내 글에 남의 말을 많이 썼다는 후회를 했다. 그러나 이 보고서는 내가 '재난'이라는 단어로 논문 등을 검색했을 때 읽은 여타 보고서에 비해 월등히 나를 집중하게 해, 많은 사람이 알면 좋겠다라는 생각으로 긴 글을 인용했다.

「재난 및 안전관리 기본법」 제70조4항에 따르면 "재난관리주관기관의 장은 제60조에 따라 특별재난지역으로 선포된 사회재난 또는 재난상황 등을 기록하여 관리할 특별한 필요성이 인정되는 재난에 관하여 재난수습 완료 후 수습상황 등을 기록한 재난백서를 작성하여야 한다."라고 규정되어 있다. 이 규정에 의하면 코로나19도 백서를 발간해야 할 것이다. 나는 이 백서가 그동안 우리나라에서 만들어져 왔던 형식적인, 정치(精緻)한 문체도 좋지만 그것을 사회가 공유할 수 있기를 기대한다.

또한 이러한 백서는 재난이 진행 중일 때 우리가 얼마나 다양한 양질의 기록을 남겼는지에 따라 성과가 판갈음 날 수 있다. 가장 중요한 것은 공공기관 재난대책본부에서 생산되는 기록을 온전히 보존하는 노력이고 공공기록물법 시행령 제19조 1항 8호에 따라 "다수 국민의 관심사항이 되는 주요사건 또는 사고로서 공공기관의 장이 시청각기록물의 작성·보존이 필요하다고 인정하는 사항"을 인용해 재난상황을 시청각 기록으로 생산하려는 노력이 필요하다. 업무흐름 속에서 자연스럽게 생산되는 기록이 있는 반면 의식적으로 생산이 필요한 경우가 있을 것인데(시청각 기록만은 아니다) 그때 공공기록물법을 이용하여 기록을 생산하려는 의지가 필요하다. 또한 이러한 의지는 기관의 비상조직 내 '기록관리 지원'이라는 분야가 드러날 수 있도록 하는 것에서부터 시작될 수 있다.

코로나19는 생활의 많은 부분을 변화시켜왔다. 눈에 보이는 재난이 아니라 눈에 보이지 않는 바이러스와 맞서야 하니, 불안은 공포 그 자체였다. 바이러스로 인해 변화된 생활상을 기록할 수 있다면 좋을 것 같다는 생각을 한다. 특히 공공기관에서 점심을 먹을 때 많은 사람들이 마스크를 끼고, 소독을 하고, 칸막이가 쳐진 식탁에 앉아 밥을 먹는 모습은 전무후무한 혹은 앞으로의 일상을 예견해주는 그 처음일지 모른다. 뿐만 아니라 벚꽃 구경을 못하도록 수많은 벚꽃을 자르거나 아이들의 놀이터를 막는 등 다양한 것들의 변화된 일상이 있을 것이다.

또한 'K방역'이라는 세계적(?)찬사를 가져온 우리의 방역 대응의 장단점을 고찰·기록해야 한다. 나 역시 확진자가 될 수 있는 이 상황에, 나만 아니면 된다라는 식의 비난들이 우리사회를 더 병들게 했는지 모른다. 공동체 위협에 맞선 개개인의 일상공개 그로인한 추정과 비난의 확산, 또한 그것을 아무렇지도 않게 쏟아내며 그것을 비교해 내가 더 나은 인간임을 증명해내는 소시민적 발상이 우리의 인격적 성숙과 민주주의의 발전에 얼만큼의 성장을 주었는지 다시한번 살펴볼 필요가 있다.

때문에 기록하는 사람들은 모든것을 기록해야 한다. 다수의 생각도 중요하지만 '다른 생각'으로 비난받는 소수의 생각도 기록해야 한다. 그래야 내가 다음에 그러한 일을 당했을 때, 내가 보호받을 수 있기 때문이다. '무분별'을 막을 수 있는 것은 다른 생각의 수용이고 나로선 그것의 기록일 것이다.

공평무사(公平無私)한 상황을 기록해야 한다. 그리고 "진실을 밝히되 책임을 떠넘기지 않고, 책임소재를 분명히 하되 그것을 새로운 안전시스템을 구축할 수 있는 기반으로 삼을 수 있는 집단적 성찰"을 온 국민이 공유할 수 있는 중지가 필요하다.

05편

기록연구사인 것

　　　　　　　2008년에 기록연구사가 되었다. 나는 그 결과를 고향에 유일하게 있었던 pc방에서 봤다. 나의 어머니, 아버지 그리고 나는 무척이나, 매우, 너무, 열광적으로, 환호하며, 이런 단어들이 그 기쁨을 다 포함할 수 있을지 모를 정도로 기뻐했다.

　그래, 그날 하루였다.

　뭘 해야 할지 몰랐고, 지식은 의미 없었다. 더더군다나 경험 없는 열정은 위험하기도 했다. "역사적 사명을…" 띄고 왔다고 생각했는데 현실은, 부사를 쓰는 것을 좋아하지 않으나 '전혀' 달랐다. 물론 지금 기준으로 그때를 생각하면 나는 '그럼에도 불구하고' 주어진 모든 일에 충실하는게 맞다. 물론 그때 내가 충실하지 않았던 것이 아니라 상황에 대해 분노하거나 좌절하거나 하는 따위의 감정은 접어두는 것이 맞지 않겠느냐 하는 생각이다. 기록관리 업무가 기록연구사가 등장한다고 해서 '갑자기' 좋아지는 것은 아니니 말이다.

　많은 일이 있었지만 느낌으로만 돌이켜 보면 나의 기록연구사 생활은 늘 새로웠고 도전이 가득했다. 또한 그런 것들을 즐겨하기도 했다. 어떤 일이든 이왕하는거 스스로 재미를 느끼면서 해보고 싶었고 그래서 일상에 주눅들지 않고 반복되는 기록업무 속에서도 '새로운' 무엇인가를 찾기 위해 노력했다. 이 시간들은 내게 연구사로서 장단점을 가지게 했다. 단점부터 이야기하자면 무엇인가 하나를 충실히 오래도록 깊이 파고들지 못했다는 자책감과 기관 전체를 생각하기 보다는 기록관리 업무에만 집중하다 보니 직원들간 불화도 있었다는 것이다. 나는 기록관리의 중요성을 누구보다 설파했고 이것이 줄 이익이 눈에 보이지는 않지만 장기적으로 기관을 성장시키는 도구가 될 것이라는 확신이 있었다. 그러나 지나침은 아니함만 못할 수 있다는 사실도 있긴하다.

　그렇다면 장점은 무엇이었을까? 나는 여타 다른 연구사들(물론 아닌 경우가 훨씬 많을 것이다)에 비해 기록관리 업무에 대해 자부심이 컸고, 주눅들지 않았으며, 새로운 것들을 시도하면서 그것들을 시도하지 않은 사람보다는 더 많은 지식을 가질 수 있었을 것이다. 매년 반복되는 기록관리 업무 속에서 침체되지 않으려 노력했고 내가 할 수 있는 일을 끊임없이 찾음으로써 기록이 생동감을 갖기를 노력했다.

　나의 이러한 노력들로 기관의 기록관리는 발전했을까? 그리고 나는 여러 가지 활동으로 직업의 정체성을 가졌을까? 확신할 수 없다. 생각건대 내가 노력했던 것은 공지영 소설에 나오는 '고등어'정도의 수준이거나 송강호배우의 '자기검열'에서 이겨내고자 하는 의지였을 것이다. (이 두가지 내용은 생략하겠다. 궁금하다면 인터넷 서핑을 잠깐하면 알 수 있다.) 그것 밖에 할 수 없었거나 이상이 아닌 현실에서 바라본 기록관리 업무를 맡은 담당자인 내가 위축되지 않도록, 따라가는 것을 거부하고 이끌면서 한계를 벗어나고자 했을 수 있다.

'정체성'은 내가 기록관리 업무를 하면서 가장 많이 사용하는 단어다. 기록의 가치를 말할 때 자주 등장하는 용어로 "기록으로 가지는 시민의 정체성"이라는 문장을 자주 표현하기도 한다. 그렇다면 기록이 아닌 기록연구사로서의 정체성은 가졌을까? 나의 정체성은 "기억을 위한 아키비스트(기록과 기억의 이론적 고찰)" 논문을 읽기 전(前), 후(後)로 갈라질 것이다. 차이점은 추상적이던 생각들이 단어로 표현될 수 있을 정도의 수준이다.

Harris라는 사람이 말했다고 한다. 나는 이 사람이 누군지 모른다. 다만 논문에서 언급할 정도니 기록학에서는 유명한 사람이라고 해두자. "아키비스트들이 사회정의를 위해 좀 더 주도적 역할을 해야 한다고 주장한다. 아키비스트들은 그들이 어디에서 일하든, 어떠한 입장에 서 있든 사회 정의를 위해 일하도록 요구를 받는다. 기록관은 결코 전문가, 학자, 예술가를 위한 한적한 도피처가 될 수 없다. 기록관은 인류 경험의 용광로, 의미와 가치를 위한 전쟁터, 이야기들의 바벨, 복합적이고 변화무쌍한 권력이 작동하는 공간이다. 여기서는 누구도 결백

아키비스트의 기록

기록물 폐기 전경

할 수 없다. 의식하든 하지 않든 권력 행사를 넘어서 공정하고자 하는 모든 시도는 지배 권력을 강화 하고자 하는 것이 아니더라도 최소한 유지하게 하는 선택이다. 그에 반해, 사회정의의 부름을 받아 마법의 파편 같은 기록물을 이해하고 다루는 아키비스트들은 언제든 지배 권력을 성가시게 할 것이다."

이어 Wallot(1996)이라는 사람이 나온다. 여전히 모르는 사람이다. 그는 정보화시대 아키비스트의 사명을 다음과 같이 말했다. "첫째, 기록관의 모 기관을 위해 정보와 증거를 유지하고 보존하는 역할과 둘째, 집단의 기억, 정체성, 가치형성과 전승의 과정에 참여하는 궁극적이고 기본적이 역할이 그것이다. 이 두가지 사명의 결합은 기억의 개념과 연결되어 부분의 합보다 더 큰 결과를 이끌어 낸다고 하였다. 저자가 말하길 "아키비스트는 사회가 자신의 과거를 어떻게 관조하는지 그 맥락에 따라 기록업무의 방향과 성공여부를 결정하고... 기억과 관련된 가장 적합한 기록업무는 평가와 선정 일 것이다. 어떻게 사회적 기억을 담보하는지는 기록관이 무엇을 선정하여 수집할지에 대한 결정과 직접 관련이 있다."

마지막으로 Cox(1993)를 보자. 이제 적지 않아도 내가 이 사람을 모를 거라고 짐작 할 것이다. "기록관의 이용자 관련 프로그램에 관한 아키비스트의 임무를 통해서, 사회적 기억을 위한 기록관의 이미지, 인식, 성공이 결정된다고 하였다. 하지만 그러한 이용자서비스, 홍보활동은 환경이 맞을때만 뿌리를 내리고 싹을 틔울 수 있다. 그는 아키비스트가 기록업무에 대한 진가를 분명히 알리지 못했을 때, 대중의 관심은 매우 변덕스러울 것이라 경고했다."

그럼 세계적으로 유명한 모모씨 말고 내가 알고 있는 모원장님(이정도만 해도 알 사람은 대충 알 것이다)은 기록연구사의 역할은 "자신이 속한 모 기관의 기록을 아는 것"부터가 시작이라고 했다. 이는 아키비스트의 역할이 평가와 선정이라는 저자의 말과 일맥상통한다. 알아야 평가도 선정도 가능하기 때문이다. 이 세 명의 모르는 사람, 저자 그리고 내가 아는 사람의 이야기를 종합해서 나의 정체성을 글로 적어보자.

기록연구사는 모 기관의 기록을 정확하게 이해할 수 있어야 하며, 대중의 기억을 기록관에 속한 기록의 평가와 선별 과정에 녹일 수 있어야 한다. 파편같은 기록물을 전체로 이해가능해야 하며 지배권력의 의지가 아닌 공평무사하게 사회정의의 부르짖음에 응답해야 한다. 또한 기록연구사는 본인이 하는 일에 대한 진가를 분명히 알려 대중의 관심이 일관되도록 하고 그 일관됨의 목적은 사회정의의 부르짖음에 응답을 위한 수단이 되어야 할 것이다.

이렇게 써놓고 나니, 매우 어려울 것 같다는 생각이 든다. 또 써놓고 나니 정체성 보다는 사명문 같기도 하다. 두 의미는 일견 비슷한 것도 있으니 굳이 이것에 대해 왈가왈부할 필요성은 적고, 대신 내가 이제부터 할 일은, 실천이다.

우보천리(牛步千里), 갑자기 생각난 사자성어다.

소도 가끔 잘 뛰더라.

06편

◆
◆
◆

다시 '즐거운' 혁신

"위대한 역사는 저절로 창조되고 기록되지 않으며 그 시대 인간들의 성실한 노력과 뜨거운 숨결의 응결체입니다. 이 시대의 우리가 민족의 화해단합과 평화번영을 위하여 반드시 창조해 놓아야 할 모든 것, 창조할 수 있는 모든 것을 완전무결하게 해놓음으로써 자기 역사적 책임과 시대적 의무를 다해나가야 할 것입니다. 그 길에는 외풍과 역풍이 있을 수 있고 좌절과 시련이 있을 수 있습니다. 고통이 없이 승리가 없고, 시련이 없이 영광이 없듯이 언젠가는 힘들게 마련되었던 오늘의 이 만남과 그리고 온갖 도전을 이겨내고 민족의 진로를 손잡고 함께 해쳐간 날들을 즐겁게 추억하게 될 것입니다."

"가난한 자들에게는 인생은 늘 준열하였다. 가진 자에게는 인생은 유희였다. 찰나주의, 향락주의... 행복을 희구하는 소박한 마음은 재물로 하여, 권위와 힘에 의하여 썩는다. 그것은 생성하여 노화하고 죽음에 이르는 이치때문일까. 고통받는자, 가난한 자, 가난하기 때문에 고통스럽기 때문에 그들은 젊은 것인지 모른다. 소망으로 팽배해 있기 때문에, 소망은 먼 곳에 있고 탐욕은 가까운 곳에 있다. 탐욕은 손에 넣기 쉬워도 진실은 잡기 어렵다. 해서 사람들은 진실을 외면하고 맑은 물줄기에서 탈락한다."

토지(저 박경리)에 나오는 한 구절이다. 물론 이 내용의 배경에는 권위, 재물 그리고 힘으로도 가질 수 없는 것이 있다는 사실을 깨달은 병적인 유희심리를 가진 한 사람에게 인생은 유희가 아닌 준열한 것임을 깨달아야 한다는 전제가 있기는 하다. 그러나 나는 작자의 의도와는 다르게 '준열'하고 싶지 않았다. 병적인 유희를 오랫동안 누려온 사람에게 인생은 준열해야 한다고 말하는 것은 늘 준열한 사람에게 인생에는 유희도 있음을 알려줘야 하는 것과 동일하기 때문이다. 준열한 인생을 오랫동안 경험한 사람에게는 유희가 필요하다. 진실이 고통으로만 이루어진다면 병적인 유희까지는 아니나, 유희가 낫지 않을까?

또한 "위대한 역사는 저절로 창조되지 않는다.. 외풍과 역풍이 있고 좌절과 시련이 있다.. 그러나 도전을 이겨내면 즐겁게 추억하게 될 것이다." 이 문구는 내가 2018년에 읽었던 감명 깊었던 글 중 하나로 이것으로 글을 쓰기도 했다.(1장 4편 "역사의 현장 정성스럽게 남기자"부분에 있다.) 이 글은 김정은 북한 국무위원장이 분단의 선을 65년 만에 넘은 그때 했던 말이다.

이 두 가지 이야기를 하는 이유는 준열하고 싶지 않아서이다. '준열'한 것은 도전도 이겨내야 하고 그 속에는 좌절도 시련도 분명 있다. 또 승리는 고통을 몰고 와야 끝이 나기도 한다. '기어코' '기필코' 무언가를 이루어낸 우리 민족 정서를 본다면 무리도 아닐 수도 있으나 나는 이제 그만 하고 싶다. 도전한다는 마음보다는 즐길 수 있는 마음으로 일을 수행하고 싶다. 기록관리를 위해 희생했다거나, 나 때는 안 그랬는데 너무 해이해졌다거나 그런 생각 말고 의식이 흘러가는데로 스스로 이해하면서 살면 좋을 것 같다.

물론 바람에 흔들리는 갈대처럼 일 하다가 기회주의자가 될 가능성이 높다. 다만 나는 나와 내가 하는 일이 즐겁기를 바란다. 우리는 즐겁다는 것에 묘한 죄의식을 가진 민족일 것이다. '즐겁다'라는 것이 타인의 고통에 무감하다는 뜻으로 받아드릴때도 있으며 그러한 기분을 느낀 경험이 적은 역사이기에 우리 민족 DNA내에는 고통이 익숙한 것이다. 또한 개인적으로 나 또한 삶이 늘 준열하다고 느끼기에 그런 감정이 들 수 있다.

나는 요즘 기록관에서 그동안 해 온 기록관리 업무를 다시 한번 점검, 검토해보는 "기록관리 혁신 로드맵 구상"이라는 업무를 수행하고 있다. 이 업무를 시작한 것은 기록관에서 수행하는 반복적인 일들이 '미봉책'이라고 생각했고 그것을 반복하기에는 스스로 더 이상 용납되지 않기도 했다. 부정확한 기록물생산현황 통보, 기록이 무엇인지도 모르면서 기록관리 업무를 독려하는 모습, 수많은 시스템에서 기록이 생산되지만 관리 사각지대에 놓인 자료들, 전문요원이라고 하면서 '전문'스럽지 않게 수행해왔던 기록의 평가와 폐기 등 내부에서 스스로 자각하지 않으면 그것을 감독할 사람들은 전혀 알지 못하는 미지에 세계를 한번 열어보고 싶었다. "비공개는 곰팡이를 자라게 하고 햇볕을 비추는 순간 추악한 모습은 도드라져 보인다는" 전진한선생님의 말처럼 공개해야 곰팡이도 사라지고 우리 스스로도 당당해 질 수 있으니 말이다. 물론 이 일을 시작하는 그 순간만 즐거웠지 그 이후 '어떻게' 이 문제를 끌어가야 할지 몰라 끙끙대고 있었다. 한다고는 했는데 자신은 없는, 또한 스스로 원해서 한 일이니 그 자신없음을 드러내지도 못하는 자승자박의 상황에 놓이기도 했다.

그러나 이것은 기록관리의 문제가 외부에 있는 것보다 우리 스스로(물론 잘 하시는 분은 많을 것이다. 이것은 나를 기준으로 말하는 것이니 잘 하시는 분은 괘념치 말기를 바란다.)에 있기도 한 것을, 더 나아가 나 스스로도 이 문제를 풀어야 했기 때문에 개인적으로도 절박한 과제였다.

다시, '즐겁게' 혁신 하고자 했다.

그러나 이번 혁신은 '준열'하지 않기를 바랬다. 괴로워하고 고민하고 비판하면서 기어코 달성해 서로 간에 상흔을 남기게 되는 그러한 혁신이 아니라 상황에 대해 서로가 깊이 공감·이해·검토하면서 기록관리 전문가와 내부 행정가들이 혁신에 합의하게 되는, 합의가 되지 않는 부분은 또 다른 과제로 남겨두어 촌각을 다투지 않기를 바랬다. 그동안의 '전가희'스럽지 않도록, 해야 할 일은 뛰어가면서 해결했던 그런 상황이 아닌 '관조'하거나 좀 '우물쭈물'도 하면서 시간이 지연되는 것에 핀잔을 받을 지라도 우리가 해야 할 일에 대한 목표와 기준은 뚜렷하되 그것에 대한 실천은 즐겁게 그리고 여유있게 하기를 바랬다.

남북도 분단된 지 70년이 지났고 그동안 합의서는 수차례 썼음에도 불구하고 통일은 요원해보이니, 김정은 위원장의 말처럼 '고통'과 '시련'을 지속적으로 말하기에 우리는 지쳐있기도 하다. 나는 어릴 적부터 '우리의 소원은 통일'이라는 노래를 열심히 불렀고 개인적으로도 통일이 되기를 바라나 이제 그 과정이 즐겁기를 바라는 사람이기도 하다.

이런 나를 두고 혹자는 비웃을 수도 있고, 일이 하기 싫기에 스스로 합리화 하는 것 아니냐는 비난을 할 수 도 있다. 반대의견을 주는 것보다 꾸준히 이어져온 내 의식의 변화라 설명할 수 밖에 없을 것 같다. 이러한 의식의 출발점은 2019년에 처음 썼던 기사(1장 1편 '내겐 너무 즐거운 기록) 부터였을 것이다. 나는 '즐겁게' 일하기를 바랬다. 물론 아이러니 하게도 그 기사를 쓴 다음 달, 골절로 입원해서 아주 힘겹게 일을 하기도 했지만 말이다. 때문에 즐겁게 일 한다고 말해놓고 다쳤으니 다시 그 말을 하는 것이 두렵기는 하나 나는 다시 한번 말해보고 싶다.

내게 즐거운 기록이 될 것이며 기쁨은 추억이 아니라 일상으로 이루어지는 자연스러운 결과가 될 것이다. 그저 웃으며 하루를 보내겠다. 물론 두려움, 슬픔, 좌절 같은 부정적인 감정들은 나를 떠나지 않을 것이다. 그러나 그것까지 나이니, 그런 날이 오면 내가 믿는 신에게 기도하고 막걸리 한 잔 하고 잠을 푹 잘 것이다. 그리고 다시 일어나 나의 아이들과 즐겁게 하루를 시작하고 회사에 나가 기쁘게 기록관리를 할 것이다.

이것이면 충분하다.

나가며

어느 날, 화가가 꿈인 나의 큰 아들이 내게 심각하게 말을 했다.
"엄마, 나 기록연구사를 해야겠어."
그래서 물었다. "왜?"
아이가 대답하기를 "엄마는 그 일이 재미있다며.."

아이가 좋아하는 일을 하며 돈을 벌고 행복하게 살기를 바라는 마음과 나 또한 이 일에 대한 즐거움을 느꼈으니 언젠가 아이에게 했었던 말을 아이는 '진심으로' 믿었을 것이다. 또한 아이는 내가 아주 즐겁게 일을 한다고 생각해, 엄마의 고단함을 잘 이해하지 않는다. 그래서 지금은 "재미있지만 쉽지는 않아."라는 말로 나의 고단함을 이해부탁하곤 한다. 가수가 노래 부르는 것을 좋아하지만 또 그것이 고단한 것처럼 말이다.

장단점이 있기는 하나, 나는 그래도 좋아하는 일을 하며 생활을 영위할 수 있을 정도의 돈을 벌기에 지금 생활에 만족하고 산다. 뿐만 아니라 내 가족들의 생활을 영위하게 해주며 이것으로 책도 썼으니 고마운 일이다.

했던 말을 반복했던 것도 보인다. 기사에 썼던 내용을 다시 인용하기도 했다. 그러나 그것을 삭제하지 못한 것은 그 말이 없으면 연결이 되지 않기에 그런 나의 의지적 오류를 인정하면서 놔두기로 했다. 양해 바란다.

할 말을 다 한 거 같아 시원하다. 내가 이렇게 말 많은 사람인지 이 글을 다 쓰고 나니 알 것 같다. 좋게 말해서 생각이 많다고 해두자. 때문에 이런 글쓰기가 필요한지 모른다. 개인적으로는 생각의 정리고 앞날을 위한 결심일 것이다. 그러나 이 글이 대중에게 공개되었을 때 누군가에게 조금이나마 유익이 될 수 있을까? 하는 걱정이 있다. 서두에 내 임무는 글을 쓰는 것 까지라고 말했지만 그런 마음이 없었다면 일기장에 쓰고 끝냈어야 했다.

비판을 감수하되 소망을 기원한다.

홀가분하다,

Thanks to

   이 책이 세상에 나오기까지 많은 분들의 도움이 있었다.
   책의 구성과 기록학적인 고민을 함께 공유한 나의 오랜 선배 최규명님, 직선의 글쓰기로 혹 문제될 수 있는 부분을 정성스레 검토해준 박영석님, 초보작가의 추천사를 흔쾌히 수락해준 이종흡님, 곽건홍님, 끝날것 같지 않은 교정과 디자인을 묵묵히 봐준 선인출판사 이진호님, 세상에 태어나 지금까지 함께한 엄마, 하나님 그리고 나의 가족, 특히 홍익인간 이화세계 그리고 준열한 시간들을 잘 이겨낸 나, 전가희

참 좋다.